美民文化

陈岗龙 著

草尖上的文明

上海文化出版社

目录

序言一

崗龍教授賜鑒：

　　恭喜新書即將出版。去年已拜讀過其中的一部分，學者出手，就是不凡。慎重、縝密、溫和、堅定，有特殊的風格，非常敬佩。

　　得知您要我寫序，本來是極為樂意又極為榮幸的事，問題是時間有奌趕。我剛從花蓮太魯閣的山上寫生回來，畫稿還要整理，思緒又怪以沉澱，怕寫得不夠完全。剛好有一首去年寫成的詩，寄上給您，或許可以代表我誠摯的心意。

　　草原不僅僅是蒙古人的。但必須承認，從古到今，是靠着生根於游牧文明的環保意識，才能持脆弱而又豐饒的草原一直維持和綿延到今天。您的這本《草尖上的文明》，應該是可以讓所有的讀者去認真思索去好好珍惜的吧。

　　匆此　敬祝安好

　　　　　　　　　　　　　席慕蓉　敬筆
　　　　　　　　　　　　　2011年5月8日

7

夢中篝火
一 記鄂爾多斯所見的一位老牧民

我心空蕩　無處可以置放
命你擦肩而過　在每個角落
你　都不一定能察覺到我

（把草原已經交給國家了
　大家都說　這是為了環保
　城裡又給蓋了房子　　多好）

命群体聚居都一無依憑的我们
力持鎮定都惶惶不可終日的我们
身在故鄉而故鄉却早已不在了的我们
命你擦肩而過　在每個角落
你　都不一定能察覺到我

（草原上僅剩的幾戶牧人　僅剩的
　幾群羊　如今也又准圈养
　這裡有時偷偷放出來吃幾口新鮮草
　遠遠望去　那牧人和羊
　脾气都變得怱怱業業的　令我心傷）

生命在内裡日漸停滯

8

外表勉強自撐持
我们遂成为衣衫整齊卻面目模糊的
一群 遊民

我心空洞 無處可以置放
曾經何等美丽的信仰和蒼天的呼喚
早已在空中渙散
那祭日祭月祭星的熱烈儀式 也已失傳
在荒蕪擁擠的市鎮裡
旁觀你们的鑼鼓你们那兴高采烈的隊伍
才驚覺 這滅絕之路
走得何其安靜順服而又快速

在戈壁之南 我们已無寸土
也無任何可以依附之處
聽說西部牧民撤出的草原
如今被開墾成棉花田
東北的祖先龍兴之地已成露天煤礦
眼前這僅存的一些綠意
(多少首歌裡惦念着的鄂尔多斯啊!)
也被無情的鐵絲網分隔得遍体鱗伤
牧民们開始互相猜忌
羊群的習性也變得極為怪異
我们失去的到底是什麼啊?
我心如此空洞

9

外表勉强自撑持
我们遂成为衣衫整齐却面目模糊的
一群 遊民

我心空荡 無处可以置放
曾经何等美丽的信仰和苍天的呼唤
早已在空中涣散
那祭日祭月祭星的热烈仪式　也已失传
在荒芜拥挤的市镇里
旁观你们的锣鼓你们那兴高采烈的队伍
才惊觉　這灭种之路
走得何其安静顺服而又快速

在戈壁之南　我们已無寸土
也無任何可以依附之处
听说西部牧民撤出的草原
如今被开垦成棉花田
东北的祖先龍兴之地已成露天煤矿
眼前這僅存的一些綠意
（多少首歌里惦念着的鄂尔多斯啊！）
也被無情的铁丝网分隔得遍体鳞伤
牧民们开始互相猜忌
羊群的习性也变得极为怪異
我们失去的到底是什麽啊？
我心如此空荡

10

外衷猶彈自擡持
我们遂成為衣衫楚育都面目模糊的
一群 遊民

我心空洞 無處可以置放
曾經何等美麗的信仰和蒼天的呼喚
早已在空中渙散
那祭日祭月祭星的熱烈儀式 也已失傳
在荒蕪擁擠的市鎮裡
旁觀你们的鑼鼓你们那兴高采烈的隊伍
才驚覺 這滅絕之路
走得何其安靜順服而又快速

在戈壁之南 我们已無寸土
也無任何可以依附之處
聽說西部牧民撤出的草原
如今被開墾成棉花田
東北的祖先龍兴之地已成露天煤礦
眼前這僅存的一些綠意
(多少首歌裡惦念着的鄂尔多斯啊!)
也被無情的鐵絲網分隔得遍体鱗傷
牧民们開始互相猜忌
羊群的習性也變得極為怪異
我们失去的到底是什麼啊?
我心如此空洞

11

從此不再傷心顧盼分
我心空湯　無處可以置放
此刻即使命你擦肩而過
在每一個可能稍稍停頓的角落
你　都一定不會察覺到我

在戈壁之南
東從大小头安嶺　西到陰山到賀蘭
幾千年綿延的記憶在此截斷
無論是蒼狼還是雄鷹　都已經
失去了大地也失去了天空
只剩下　那還在惶急地呼嘯着的
天上的風

天上的風啊　不繫那多餘的韁繩
地上的我们　包括草原
都只剩下一個寂寞的靈魂
出入都無人察覺　無人接此
也無人前來相間问

偶尔　我们今在夢裡微笑　奔跑

夢裡　童年的篝火
還在豐美無垠的田野之上
那如絲綢一般光滑的燃燒着的火焰啊

12

散发着 那样温暖
那样幸福的光芒……

—— 2010·9·7

————————————————————

岚龙教授：

全诗到此为止。如果手写太估篇幅，建议用印刷字体。但请仔细校对，好吗？

用快信寄上，应该来得及。

慕蓉 2011·5·8

（附件为此诗的印刷版面，以防我的字写得认不清楚，可以比对照。）

（《胡马之歌》一诗也附上。）

13

赤峰的野柳树，宛若晴空飘雪，赤峰原为昭乌达盟，"昭乌达"为蒙古语，有"百柳"之意

到草原去深度旅行

一首《敕勒歌》所描绘的"天苍苍，野茫茫，风吹草低见牛羊"的图景，是中国人传统观念中自古以来的草原印象。草原的神秘和辽阔，一直吸引着人们的向往。随着历史的推进，马头琴、长调民歌、呼麦，人们似乎对草原有了进一步的认识，凡去过草原的人们都记住了蓝天白云绿草地，那达慕，哈达，奶茶和奶酒。但是，这就是草原的全部吗？当我们厌倦了水泥森林中的物欲横流，逃避着离开都市的喧闹，踏上芬芳的草原，见到一半是花一半是草的辽阔无际的夏天的草原，心胸一下子豁然开朗了。但是让你连续住上一个月，你就心慌了，开始感觉到她的寂寞；蒙古包的确是很新鲜，但是你到严冬的蒙古包住住，雪灾，白毛风，这些肆虐的天气，你在草原上可能都会遇到。其实，草原的神韵不仅仅在于她的蓝天白云和哈达歌舞，还在世世代代生活在草原上的人们的眼神里，在他们的观念中。我一直从人类学的角度观察草原上生活的蒙古族，一个被世人认为是征服了世界的成吉思汗的后代的强悍的民族。很少有人去关注蒙古族人在草原上生存的心态，他们生存境地的脆弱和他们面对草原时候的敬畏和顽强。

走到草原上，我们随处见到洁白的蒙古包，蒙古包像我的朋友乌纳钦作词的那首《蓝色的蒙古高原》中形容的飞落的大雁，其实更像圣洁的天鹅。蓝天、白云和绿草地、蒙古包是相映成趣的一对意象，自古以来就深受文人画家的青睐。但是，谁仔细观察过蒙古包？谁探究过蒙古包中所蕴涵的草原人的智慧和生存哲学？我们看看蒙古包的材料。实际上，蒙古包的材料非常简单，不是木头就是牲畜的毛：天窗、哈那都是木制的，而包在蒙古包上的墙毡则是羊毛做成的,绳子则是牛毛搓成的。蒙古包正是就地取材的杰作。蒙古包的形状,可能给人以美的联想,但是这种形状的发明却远远不是因为审美的要求,而是为了生存的需求。草原上的冬天,风力之大,只有蒙古包这样的圆形形式才能让风力分成两股力量绕蒙古包而行,避免了方形建筑那样直接承受巨大的风力。蒙古包是最适合游牧生活的,搭建和拆卸蒙古包都不费半天工夫。因为游牧民族一年中要迁徙十几次,因此蒙古包的拆卸和搭建也很是频繁,要求轻便又结实。在迁徙的时候,天窗要放在最尊贵的位置,我们经常见到迁徙的车队中头一个勒勒车上安放着天窗,与天窗一起享受最尊贵的待遇的就是佛像、成吉思汗像,甚至还有毛主席像。蒙古包内的摆设实际上很简单,我们在南方家庭中常见的各种家具和名贵的瓷器是几乎见不到的。一般的家具可能主要是桌子、衣柜,其中所有家庭都必须有的木制家具是精美的佛龛,摆在蒙古包偏西的北边。在蒙古包里几乎没有奢侈的摆设,草原人因为迁徙不定的生活,财富带在身上。对一个草原女人来讲,尊贵的头饰是她的嫁妆,也是她做女主人的标志;而对于草原男人来讲,一匹好马,一副漂亮的马鞍,一个鼻烟壶,一把蒙古刀,可能就代表了他的全部财富和社会身份。蒙古包,不仅是一家人的生活空间,同时也是主人和狗、五种牲畜和睦共处的地方。草原上的狗可不是宠物狗,它是牧民的忠实伙伴,训练有素的牧羊犬可以代替主人放羊。在蒙古包里我们经常见到可爱的小羊羔,尤其是春天下羔季节,在图拉嘎(火撑子)旁边扣着的牛粪筐里经常有几只小羊羔在那里咩咩叫。对外来的陌生人来讲,蒙古包里皮毛的味道、牲畜的味道、酸奶的味道和烧干牛粪的烟味等混合在一起,可能很难接受和习惯,但是对草原人来讲,这种味道是温馨的味道,渗透到五脏六腑的味道,它与草原上的花草的芬芳一样迷人。

在草原上,除了静静的蒙古包,映入你的眼帘的是人和山羊、绵羊、牛、骆驼、马等五种牲畜。在这里我不得不纠正一种概念。在草原上生活的蒙古族人那里,羊是有严格区分的。绵羊是蒙古族人的主要牲畜,蒙古族人说吃羊肉,指的是绵羊肉,而山羊则主要是梳其羊绒。蒙古族人的十二生肖中的羊是绵羊,因此蒙古族人见了挂历上的羊年画的是山羊,很不理解。在羊群中绵羊和山羊的比例是有说法的,一般来讲,山羊的比例很小,但是近来由于羊绒需求量增多,导致牧民羊群中山羊比例增加,影响了草原生态。在草原上,不仅羊群中绵羊和山羊的比例要协调,而且其他牲畜的比例也要协调。以蒙古包为中心,蒙古族人的牲畜形成了一个个中心圈。绵羊、山羊等被称作"短腿"或"细腿"的牲畜,它们和牛群的草场离蒙古包最近,必须每天都要收回来。而马和骆驼等"粗腿"的牲畜则没有必要每天都找回来,其草场也比较远。而现在,这种牲畜的比例日益失调。因为汽车和摩托车已经成为牧民最重要的交通工具,所以骆驼已经淡出草原生活很久了。

五种牲畜包括马、骆驼、牛、山羊和绵羊,对蒙古族人而言,是专有名词,有特殊含义。五畜是草原上的人们的财富,也是草原民族与大地之间的活动的纽带。实际上,草原民族就是借助牛羊与大地相依为命的民族。草原民族就是通过牛羊经营和享用着土地。

草原,虽然看起来无边无际,花草芬芳,实际上是最为脆弱的土地资源。据专家研究,我国最好的草原之一呼伦贝尔大草原,1米以下就是流动的沙子。因此草原是容易被伤害的土地资源,一旦被破坏,恢复起来就非常困难,我国很多草原沙化就是明显的例子。千百年来草原民族是如何保持草原生态的? 实际上就是过去被人们认为是落后的"逐水草而居"的迁徙游牧的生活方式。在一般人的理解中, 逐水草而游牧似乎就是一片草场吃完了, 再去找另外的好草场放牧去。而真正的游牧迁徙不是等到一片草场吃光了才走, 而是放牧一定程度以后就要迁徙, 以保障这片草场正常地恢复循环。正是这种游牧方式, 使草原上的人们频繁地迁徙, 却保障了草原得到合理的休息, 赢得了草木生长的时间。蒙古族人是禁止打牲畜的, 同样蒙古族人也珍惜草原上的一草一木。我曾经听过一个感人的故事。有一个蒙古族大学生放假回家的时候给牧民父亲买了一双硬底皮鞋。父亲接过皮鞋看了之后很生气地对儿子说: "这么硬的鞋底, 不是把草都踩烂了吗? "一提起草原和蒙古族人, 多数人想到的是万马奔腾和13世纪蒙古铁蹄征服世界, 但是谁能想到蒙古族人生息在如此脆弱的土地上, 在真正的生活中外表剽悍的蒙古族男人想的却是嫩嫩的小草。只有我们走出书斋, 抛弃都市中生活惯了的思维, 去草原上观察, 才能真正窥见曾经征服过世界的马背民族的草原胸怀, 其辽阔豪放如草原, 但又细致入微到关心一草一木。当我们的镜头对准草原上的男男女女和老人孩子的时候, 我们每次看到的眼神竟是如此的复杂, 让你不得不面对草原沉思很久。蒙古族人在历史上征服过世界, 但是他们却从来没有征服过被他们称为母亲的大草原, 实际上他们世世代代敬畏草原, 像爱母亲一样爱戴着草原, 他们是草原最温顺的孩子。

到草原上旅游, 夏天是最佳季节, 有马奶, 有那达慕。但是这只是草原生活的一个横断面。要真正了解草原, 一年四季都要去观察草原。草原在四季, 在每一个季度的不同的月份, 其生活内容和文化内涵都在变化着, 只有连续地观察, 我们才能捕捉到一个充满生命力的生生不息的草原。春暖花开,候鸟北迁,牛羊下仔,草原上的人们把牲畜的初乳用系着哈达的九眼勺献给天地十方神灵,祈求风调雨顺;盛夏季节,祭祀敖包,举行那达慕,射箭,赛马,摔跤,娱神又娱人;丰收的秋季,蒙古族人举行召唤仪式,召唤大地的福分,召唤五种牲畜的福分,祈求生活的幸福。冬天,对草原上的人们来讲,是严峻的考验。蒙古族人最怕的就是白灾——雪灾,在零下三十几度的严寒中蒙古族人凭着皮毛衣装、吃牛羊肉吸取的热量和坚忍不拔的意志默默地度过漫长的冬天。冬天的草原色彩最单调,但是在单调的下面,却是一颗颗滚热的心,一双双充满渴望的眼睛。当你到草原上,与你相见的蒙古族人不一定马上就滔滔不绝地给你讲起草原上的故事来,他们往往是沉默寡言的,但是他们的眼睛却告诉你一切。从草原上的蒙古族人的眼睛里不仅能读到淳朴、憨厚这类我们习惯描述他者的民风和品格,更能够读到草原的深层内涵。草原上的人们的每一双眼睛都讲述着一个美丽的故事。

朋友,带上你的行囊,到草原上去深度旅行吧!改变你以往的走马观花式的旅行方式,带着一份耐得住寂寞的意志,不要被那往你脖子上套哈达,再用纯度不够的银碗敬酒把你灌醉的草原迎宾仪式的表象迷惑,把自己挡在真正的草原之外,用你的真诚和热心去感受草原和草原上的人们吧。只有当你融入草原,你才能从草原上的人们的眼睛里读出真正的草原的神韵。这时候,语言是多余的……

游牧时间就是周转在草尖上的时间，而其中草是全部游牧生活的命根子。草原上的游牧时间，见证了草木枯荣，也见证了五种牲畜的生命历程。在这当中，五种牲畜在四季游牧中一直感受着游牧中的蒙古族人的情感投入，从生到死。在四季游牧中，蒙古族人所做的一切实际上是马不停蹄地协调着牲畜和草场的关系，而且完全是靠传统经验和生活智慧去主动适应。过去被传唱为"蒙古包，勒勒车，马镫一踩走四方"的四季游牧，实际上并不是大家想象的那样浪漫和单纯，她的内涵和艰辛要比我们知道的多得多。

牧草·牲畜

草尖上的游牧时间

对骆驼弹琴

生活在戈壁的蒙古族人对遗弃驼羔的母骆驼弹琴，悠扬哀伤的劝驼歌，使母驼感悟，变得安静、温柔，浑浊的大眼睛里流下了眼泪。

　　很久很久以前，有一峰雪白的母驼产下了一峰可爱的白驼羔。但是，很不幸，白驼羔的母亲雪白的母驼被主人当作彩礼，送到遥远的地方去了，从此母子分离，天各一方。失去母亲的白驼羔从主人的驼群中逃出来去找母亲，多次被牧驼人追回来，但感化了黑公驼，在其帮助下最终逃离主人的驼群。在途中，狼和老虎想吃掉白驼羔，但听到白驼羔的不幸遭遇后深深地感动，把白驼羔放走。白驼羔在蒙古包一样大的巨龟的帮助下渡过了滚烫的毒海，找到了被关在三层铁房子里的母亲。但是白驼羔刚吃完母亲的乳汁，雪白的母驼就被主人派来的士兵用乱箭射死。白驼羔痛不欲生地离开了母亲的尸体，投奔了一位勤奋的好主人。故事情真意切，催人泪下。除了这类故事广泛流传外，草原上还流传着反映母子分离的哀怨凄绝、如泣如诉的悲歌《孤独的白驼羔》：

　　　　寒冷的风呀呼呼地吹来，
　　　　可怜我孤儿野地徘徊，
　　　　年老的妈妈，儿想你呀，
　　　　空旷的原野只有我一个人！

　　　　寒冷的风呀阵阵吹来，
　　　　好似铜针刺我胸怀，
　　　　东边望来西边看，
　　　　只见那星星挂在天边外！

漆黑的夜呀阴森森，

左看右望不见人，

亲爱的妈妈你在哪里呀？

我痛苦嚎啕无处寻！

　　在戈壁地区游牧的蒙古族人中最具有代表性的劳动歌是劝驼歌，著名的长调民歌《孤独的白驼羔》就是蒙古族民间广为流传的劝驼歌。

　　不少人都知道蒙古国青年女导演达瓦·边巴苏伦导演的电影《母骆驼的眼泪》，我认为这是一部人类学电影。影片记录了蒙古国戈壁地区生活的普通牧民家庭举行的一次劝母驼接受驼羔的劝驼仪式。

　　这一家人没有摩托车、拖拉机，甚至没有电视机，主要交通工具还是骆驼。这家今年最后一峰母骆驼难产，主人表现出极大的担忧。母骆驼痛苦了三天三夜，驼羔的前腿先伸出来了。主人帮助母骆驼慢慢地把驼羔拽出来。一只雪白的驼羔终于来到了世间，由于生产过程的不顺白驼羔十分虚弱。经历了生产痛苦的母骆驼不愿意接受自己的驼羔，不让驼羔接近自己，拒绝哺育驼羔。刚出生的驼羔饿得可怜，渴望得到母驼的爱抚和哺育。白驼羔在母驼身边撒娇，可怜地寻找母驼的乳房，想吃母驼香甜的乳汁。可是母驼抬起高傲的头，无情地驱逐自己的驼羔。可怜的白驼羔悲伤地哭泣。主人几次把母驼和驼羔牵到一起，劝母驼接受和哺育驼羔。可是主人的几次尝试都没有成功。

　　可爱的白驼羔面临着饥饿和死亡。主人派两个儿子骑着骆驼去省府所在地请马头琴师。一个12岁、一个6岁的两个男孩骑着骆驼赶一天的路程到省府，请来了学校的马头琴老师。这一家男女老少穿戴整齐的盛装举行了劝驼仪式。主人把母骆驼拴住，把驼羔牵到母骆驼身边，先把琴师的马头琴挂在母驼脖子上，让母骆驼熟悉马头琴的声音。接着，劝驼歌手拉起悠扬、哀伤的曲调，主妇一边轻轻地抚摸母驼，一边用低沉而忧伤的声音唱起劝驼歌。歌声悠扬、哀伤，母骆驼听着无限忧伤的歌曲逐渐变得安静、温柔，浑浊的大眼睛里流下眼泪，爱抚似的舔小驼羔的身体。主人把白驼羔牵到母驼的身边，可爱的白驼羔幸福地吮吸着母驼香甜的乳汁。这家男女老少和琴师的脸上露出了欣慰的笑容，劝驼仪式便接近尾声。

上：骆驼幼儿园
下：阿拉善的骆驼奔向水源

这首蒙古族民间广为流传的长调民歌《孤独的白驼羔》歌声悠扬、哀伤，歌词中有这样一段：

可爱的小驼羔啊，
是你亲生的孩子。
想吃你的乳汁啊，
你为什么要遗弃它？
小驼羔站在你身边，
快让它吃你的乳汁吧！
浩思！浩思！浩思！
浩思！浩思！浩思！
可爱的小驼羔啊，
是你亲生的孩子。
想吃你的乳汁啊，
你为什么驱逐它？
小驼羔可怜地哭泣，
让它吃你的乳汁吧！
浩思！浩思！浩思！
浩思！浩思！浩思！
可爱的小驼羔啊，
是你亲生的孩子。
想吃你的乳汁啊，
为什么遗弃它？
小驼羔在夜里哭泣，

锡林郭勒的小驼羔成了人们的宠物

让它吃你温暖的乳汁吧！

浩思！浩思！浩思！

浩思！浩思！浩思！

　　如果从人类学的角度看，劝驼仪式是帮助母驼认识自身作为母驼哺育驼羔的天经地义的身份和责任。牧民通过马头琴音乐和歌词劝说母驼，如果小驼羔离开母驼的乳汁就会可怜地哭泣，甚至悲惨地饿死；也告诉母驼，小驼羔如果得到母驼的爱抚和哺育就会健康快乐地成长。劝驼仪式是典型的人和骆驼共同完成的过渡仪式，帮助母驼从单身的雌性骆驼转变为驼羔母亲的身份的仪式。

　　不仅人类会欣赏音乐，而且骆驼、羊等牲畜也懂得感受音乐。蒙古族人对于"对牛弹琴"这一汉语成语的解读与《汉语成语大词典》中的解释不同。《汉语成语大词典》中解释"对牛弹琴"是比喻说话不看对象，对外行说内行话或对不讲理的人讲理。"对牛弹琴"是讽刺和取笑愚蠢而徒劳的行为，而生活在戈壁的蒙古族人对遗弃驼羔的母骆驼弹琴而且致使母驼感悟并积极回应，达到了帮助和劝解母驼接受驼羔的目的。这一事实说明，"对牛弹琴"在游牧文明中是一种积极有效的文化现象和民俗行为，这就是文化的多样性和差异性。

蒙古族牧民挤马奶时用来拴马驹的一条长绳——哲勒，在蒙古族人的生活中看似普通，却含义丰富如天上的银河。

银河是蒙古族人拴马的长绳

蒙古国诗人道·尼玛（Dolgoriin Niamaa,1939—2017）的《草原深夜骏马长嘶》是一首完全用蒙古族人的思维或者游牧民族的思维写成的诗。这首诗最精彩之处就是把夜空中的银河和星星想象成拴马长绳——哲勒和马群，只有草原上生活的诗人才能写出这样的诗，只有草原上的游牧民族才会把天上的银河比喻成地上的拴马长绳，才会把划过星空的流星想象成脱缰逃走的调皮的马驹，从而把地上的骏马和天上的星星联系起来，星群变成了马群。在万籁俱寂的夜晚，草原上有骏马长嘶，诗人联想到骏马可能是在星空发现了自己的同类。

草原深夜骏马长嘶
【蒙古】道·尼玛著，陈岗龙译

传说般古老的苍茫草原，
四周寂静，万籁无声。
赶路人在草原上夜宿，
惬意消除了长途的疲惫。

深夜天空中的银河闪烁，
好比地上拴马群的长绳。
偶尔有流星轻轻划过，
好比调皮的马驹脱缰逃跑。

传说般古老的苍茫草原，
四周寂静，万籁无声。
草原深夜有骏马长嘶，
莫非在星群中发现了自己的同伴？

　　天地之间的这种联想，实际上就是来自于蒙古族普普通通的游牧生活，来自于拴马长绳。而对不甚了解拴马长绳的其他民族读者来讲，马上体会这首诗的思维和想象可能有一些困难。因此，不妨简单从民俗学的角度谈一谈拴马长绳及相关民俗。

　　拴马长绳，蒙古语为"哲勒"（口语zel，书面语jel-e）。哲勒虽然也可以拴牛等其他牲畜，但主要用于拴母马和小马驹，挤马奶用。哲勒分拴母马和拴马驹的两种。哲勒一般是三四厘米粗，8—15米长，用牛毛和马鬃混合搓成的哲勒最结实耐用。在它的两头用约70厘米长的木桩或铁钉固定在地面上，上面每隔一米的距离系一条拴小马驹的毛绳，这种绳子要用柔软的毛搓成，以防勒伤小马驹的脖子。为了防止拴马长绳两头的木桩或铁钉被马拽拉后拔出来，还要用一米长的木头压在哲勒上，两头压上石头。

　　蒙古族人挤马奶的时候先让小马驹吃上几口母乳，然后把马驹拴在哲勒上，一条哲勒往往拴上十多匹小马驹，远处望去像穿成一串的小鱼，因此《江格尔》等英雄史诗中经常用成串的小鱼来比喻小马驹就是来源于挤马奶时拴小马驹的这种哲勒。

　　与哲勒——拴马长绳相关的民俗就是蒙古族人的母马初乳洒祭仪式，这是蒙古族牧民以母畜初乳洒祭天地诸神祈求人畜兴旺的专门祭祀仪式。因为过去挤马乳是由男子来完成的，所以母马初乳洒祭仪式也由男子来完成。两位骑白马的男子用套马杆挑起盛母马初乳的奶桶，绕拴着马驹的哲勒顺时针转三圈，同时，一位亦骑白马的男子用九眼勺向四面八方的神灵洒祭并吟诵洒祭词：

草原银河

小骑手和他身后的拴马长绳

青花母马产驹下奶/没有谁品尝过圣洁的母马初乳/只有青花马驹吸吮过母马的奶头/黑母马产驹下奶/没有谁尝新过纯洁的母马初乳/只有那黑马驹吸吮过母马的奶头/要说我们碰过它/那是五指展开挤乳头/要说我们触到它/那是奶桶装满圣洁的奶/为的是将其献给神。

九眼勺一般长50—70厘米，勺头刻有九个眼孔，眼孔里镶有珊瑚、珍珠、金、银、钢、铜、绿松石、海螺等九种珍宝，勺把上系彩布条和哈达。有关哲勒和母马初乳洒祭仪式，可以延伸阅读我的《蒙古民间文学比较研究》和相关著作。

哲勒是蒙古族牧民挤马奶的时候拴母马和马驹，主要是拴马驹的一条长绳，这条长绳在蒙古族人的生活中再普通不过，但是却包含着非常丰富的民俗和文化含义，因此才有了诗人用来比喻天上的银河的资本。而万籁俱寂的草原深夜骏马长嘶，在诗人看来是骏马发现了自己的同伴在天上的群星中间。

诗人，游牧在天地间。

金马驹和蒙古族人的财富观

蒙古族人生活的草原上广泛流传着金马驹的传说。

流传于锡林郭勒盟太仆寺旗的《金马驹》传说中讲道，安固里淖的金马驹能给好心人吐金子，并且能够帮助他们。有一个从南边来的黄头发绿眼睛的洋鬼子想捉走金马驹，请求湖边打鱼的老头协助他。洋鬼子虽然下到湖里捉住了金马驹，但是等在岸边的老头为了不让洋鬼子捉走金马驹，拒绝递给他马嚼子，所以洋鬼子就被金马驹咬死了。

近代蒙古族人生活的西部地区曾经有过外国传教士的活动，因此该传说产生的社会背景是不容置疑的。金马驹能为好心人吐金子，它是草原上的"宝物"，但是它不是个人所有，而是当地蒙古族群众的共同财富。

内蒙古锡林郭勒盟乌珠穆沁一带流传的《母亲湖的传说》中又是这样讲的：有一个风水先生发现了母亲湖里有一头长着珊瑚角的宝牛，它是母亲湖的保护神。风水先生知道宝牛的主人是一个7岁的小男孩，于是想方设法收养了这个孩子。3年以后，风水先生叫孩子下到母亲湖里去捉宝牛，吩咐他千万不能睁开眼睛。小男孩下到湖里顺手抓到一个东西就拖着往回走。快到岸边的

依偎的"金马驹"

31

时候，孩子禁不住好奇心睁开眼睛一看，原来自己拖着走的是一头长着珊瑚角的宝牛。宝牛一见孩子睁开眼睛了，就吼叫一声逃回湖里去了。企图盗走宝牛的风水先生失败了，是因为孩子触犯了禁忌，睁开了眼睛。

传说中风水先生与宝牛的主人——小男孩的关系对应着外来者与当地民众之间的关系，传说反映了人民群众维护共同财富的主题。而下面的传说则流露了另一种阻止财富外流的思想。

在乌珠穆沁草原上流传的一篇《金马驹的传说》中讲道：从前一个富户人家雇佣了一个流浪汉放羊。流浪汉放了3年的羊，临走时主人好心对他说："你为我家放了3年的羊，你喜欢要什么就要吧。"流浪汉回答说："牲畜我也无法带回去，我只要你的银马嚼子就够了。"主人觉得一副银马嚼子能值多少钱呢，就给他了。但是，主人很快就发现流浪汉行径可疑，暗中跟踪发现原来流浪汉是用银马嚼子去捉山上的金马驹。后来由于主人的阻扰，流浪汉捉金马驹失败，主人把银马嚼子收回来供养起来。

这里，想盗走金马驹的人是通过被雇佣放牧的经济关系来获得捕捉金马驹的工具——银马嚼子的，银马嚼子已经成为企图盗走金马驹的流浪汉3年的劳动报酬。银马嚼子实际上象征着财富的拥有。把银马嚼子交给他人，实际上就是交出了财富的源泉。因此，这篇传说流露了一种忌讳和阻止财富外流的思想。

从清朝末年开始，随着蒙地开垦，大批内地农民移民蒙古族生活的地区，蒙古族生活的地区开始出现蒙古族牧主雇佣外来农民放牧的现象，这使得来自异文化的"外来人"——大量的农民介入到蒙古族经济生活，介入到财富的分配中。另外，更重要的一点是，蒙古族生活的地区从很早就开始出现用中原的丝绸、茶叶和农副产品交换蒙古族生活的地区畜牧产品的旅蒙商人这个经济角色。这使得和汉族农民一样对商人的行为抱有批评态度的蒙古族牧民，一方面在伦理道德上谴责商人用从他们手中换来的畜产品创造出极大财富的做法，一方面看到了自己财富的外流。

正如传说中所说的，蒙古族民众认为，"外来人"——被雇佣者和商人的介入，导致其失去了财富的源泉。而金马驹是蒙古族人财富的象征，银马嚼子则是获取这个财富的"钥匙"，也即银马嚼子隐喻了蒙古族经济命脉和财富源泉。"外来人"一旦拥有了银马嚼子，就等于控制了草原上的经济生活。因此，这一类传说反映了蒙古族民众保护民族经济生活和反对财富外流的特定文化心态。可以说，更多的金马驹传说表达了蒙古族民众的财富观念。

长鬃烈马

金马驹的传说实际上还是和蒙古族人或者北方游牧民族把骏马当作财富中的财富的特殊文化心理有关系，而且这种特殊的财富是可以通过游牧生活经验选择和创造出来的。蒙古族人独有的相马传说就是关于这种财富的辩证思想的传说：

成吉思汗征服了一个没有头领的部落，把该部落善于相马的阿日格岱台吉的儿子交给十万匹马的主人阿拉格岱巴颜做奴仆。阿拉格岱巴颜听说这个孩子会相马，就把他叫来，问自己的十万匹马中有没有良马。小男孩围着马群转了三圈，回来说："您的十万匹马群里没有良马，只有良马的马粪蛋。"阿拉格岱巴颜听了自己马群里没有良马后恼羞成

33

怒，叫手下人拷打小男孩。正巧这时巴颜的蒙古包后面传来一声马叫，小男孩一听，便对阿拉格岱巴颜说："真正的宝马在叫呢！"就跑出去捉住了那匹马。原来这是一匹阿拉格岱巴颜用来运水的小花马，它长满了鞍疮，翘起一撮细而秃的尾巴，长着一对老鼠耳朵。阿拉格岱巴颜取笑小男孩说："你说我的十万匹马中没有良马，却把这匹可能被一棵草就绊倒的劣马说成是宝马，那就把这匹'宝马'送给你吧！"小男孩回答巴颜说："三年以后我会让您看到一匹宝马。"

三年以后，小男孩带来已经变成良马的小花马，备鞍骑上，对阿拉格岱巴颜喊道："小马驹已经变成千里马，小男孩已经长成男子汉，我要走了。"就逃走了。阿拉格岱巴颜的十万匹马中没有一匹追上小男孩的花马，于是阿拉格岱巴颜悔恨万分，跑到成吉思汗面前说："我失去了一个奴仆，那不是奴仆，而是宝啊！我失去了一匹马，那不是一匹普通的马，而是宝马啊！"

对蒙古族人来说，骏马就是宝物。自古以来作为马背民族的蒙古族就对马怀有特殊感情，一方面马是蒙古族人的亲密伙伴，另一方面马是财富的象征。在迁徙不定的游牧族群中，他们处置财富的方式不是把金银财宝埋入地下储藏起来，而是把珠宝佩戴在身上以示社会地位高低和财富多寡。

比如蒙古族女子昂贵的头饰和男子鼻烟壶、贵重的马鞍以及良马等都是随着游牧生活随身流动的财产。相马传说表达了广大蒙古族人民用劳动报酬——看起来全身长满鞍疮的劣马——经过自己的勤劳和智慧来经营再生产，创造出财富来，从而改变自己的经济处境和社会地位的美好理想。蒙古族相马传说表达了民众关于财富的辩证思想，即民众通过自己长期生产劳动中积累的相马经验发现财富的根源并把自己获得的经济根源——全身长满鞍疮的劣马变成宝马——极大的财富。

金马驹在想盗走它的人看来是直接产生经济价值的宝物，但是对草原牧民来说它是一种高于经济价值本身的资源象征，是一种不属于个人所有的草原公共财富。

四季游牧的时间主题

从洁白的奶汁到各种奶制品，那是从草尖流淌到勤劳的蒙古族牧民手指间的游牧时间的结晶。

凡到过草原的人可能都有一种感觉，那就是蒙古族人的生活节奏比较缓慢，时间在那里好像慢下了脚步。实际上，在游牧社会中，重要的不是人类与时间赛跑，而是人类怎样在时间和草原的时空坐标上和谐地生存和可持续地发展。因此，对于游牧的蒙古族人来讲，草木生长枯荣的时间和牲畜繁殖的时间都具有决定性意义，人们只能根据草场和牲畜的时间来决定四季游牧的时间，而这种时间既是物理的，更是文化的。

过去蒙古族以草纪年，实际上四季游牧就是取决于草的长势。而且，草的长势、牧场的优劣、不同种类的植被决定着四季游牧的时间、地点、方向以及距离的长短和周期。同样，在春夏秋冬四季牧场的转移中，牲畜膘情的变化是决定游牧时间的重要因素。从春季开始，艰难熬过严寒冬天冰雪难关的畜群不仅需要吃饱肚子增加水膘，增加抵抗力，而且还下羔生仔，完成自身繁殖；夏季增加肉膘，秋季增加油膘，牧民们不仅仅是为了冬天屠宰肥膘的牛羊，更是为了帮助畜群安全度过寒冷而漫长的冬天。因此，草的长势、牧草的多样性和牲畜保膘共同构成了有内在因果规律的良性循环，而怎样保持好这种良性循环就成了游牧的蒙古族人一年四季的时间主题。而这时间主题也是和五种牲畜生命不同阶段的时间主题叠加在一起。

接羔：接羔是一年游牧生产的起点，也是最为辛苦的事情。绵羊和山羊一般农历二月中旬或三月中旬下羔，马群在农历二月至四月之间产驹，牛是四月至六月之间下犊。因此，游牧社会的接羔时间实际上是从寒冷的二月份一直延续到初夏的六月份。而且，接羔非常琐碎和频繁，有时候不分白日黑夜地忙碌。特别是绵羊和山羊的接羔，需要特别的细心和耐心。在接羔季节牧民一般都备着接羔袋，以便把野外出生的小羊羔背回家。在接羔季节，因为寒冷，一些虚弱的仔畜索性就和主人共同生活在蒙古包里。这些小生命一来到这个世界，就接受主人的美好祝福，牧民会进行简单的涂抹仪式，在它们的额头上涂抹黄油，吟诵祝词祝福。因为它们初生的时间正好是春天母畜身体虚弱、下奶困难的时候，因此牧民就会全力以赴保持仔畜的存活率，来应对各种突发事件。其中，经常遇到母畜遗弃自己的亲生仔畜、拒绝哺乳的情况。这时需要主人借助唱歌、拉马头琴等补救手段进行劝奶仪式。有时候，为了一只小羊羔，这种仪式可能会持续好几天。为什么牧民如此重视一只被嫌弃的羊羔，连续数天唱歌拉琴呢？因为蒙古族赖以生存的生产资料就是牲畜，每一只仔畜都是一条生命，失去了生命便失去了畜牧业，游牧民族就失去了生存的根基。一个生命在艰苦的环境下幸存绝非易事，所以牧民非常爱惜生命，让每一个生命都实现生存的希望。

另外，蒙古族人在劝驼仪式中对骆驼弹琴以及骆驼对音乐的理解和感悟，说明了不仅人类会欣赏音乐，而且骆驼、羊等牲畜也懂得感受音乐。汉语中有"对牛弹琴"，是比喻说话不看对象，对外行说内行话或对不讲理的人讲理。而蒙古族人对遗弃驼羔的母骆驼弹琴——拉马头琴，而且能够感动母骆驼流下眼泪，从而接受驼羔。游牧的蒙古族人的"对骆驼拉马头琴"与农业文明的"对牛弹琴"形成鲜明对比，生动说明了人类文化的多样性与不同文明之间的差异。

去势和留种畜：去势和留种畜实际上就是决定牲畜身份的"成年仪式"。绵羊和山羊一般在春末夏初去势，牛也是春天去势，公马去势一般选择在清明节左右。3岁公马去势是需要集体合作的比较热闹的活动，一般参加的人也多。去势之后还要说祝词，祝福3岁公马去势之后成为风一样快的骏马。牲畜去势是很重要的畜牧生产环节，关系到牲畜的质量，因此除了留作种畜的仔畜，其他的牲畜都要进行去势。牲畜去势一般都有一定的简单仪式，并有严格的

呼伦贝尔牧场

民俗禁忌。在牲畜去势的过程中和留作种畜的仪式上，蒙古族人都会说一些长短不一的动听的祝词，意思大同小异，都是祝福牲畜健康繁殖和数量增加，如"畜群繁殖数量像天上的星星一样数都数不清"。去势本身已经在客观上控制了畜群的数量，对牧场的载畜量进行了科学的调节，保持了草畜平衡。

在游牧生活中，除了羊群，马、牛和骆驼还需要专门的调驯以后才能适应生产和生活中使用。调驯有方的羊群在挤奶的时候只要主人叫"好勒宝，好勒宝"，就会主动跑过来，列队等候主人将它们拴成一排。而驯烈马等激烈活动不仅展示了草原男人的剽悍、力量和技巧，更是体现了游牧的蒙古族人把桀骜不驯的牲畜调驯成情感动物的生活智慧。驯好的马不仅在生产生活中成为蒙古族人的忠诚伴侣，而且一匹训练有素的骏马是传统游牧社会中显示主人社会身份和技能的最让人骄傲的财富。草原那达慕大会的赛马比赛是所有爱马的蒙古族人显示调马本领的竞技比赛。调马，不仅需要大人精心调马，而且孩子也投入到其中来，一直坚持到比赛为止。在烈日炎炎的夏天草原上，烈日当头的中午，似乎一切都昏睡了，如果说有什么在动，可能就是一两个孩子骑着赛马，细细的童声高喊着，慢悠悠地转圈，这就是夏天的调马。而这样日夜精心调出来的骏马在马群中脱颖而出，冲到比赛终点的时候，这些无数日月的心血、耐心就会凝聚成瞬间的速度，绽放成主人脸上的会心一笑。

夏天和秋天，在外人看来可能是游牧生活中最悠闲而安详的时间，但是实际上也是最忙碌的时间，就挤奶一项工作来讲，早晚两次挤几百只羊、几十头奶牛和几十匹母马的奶，谈何容易。更何况，挤好的奶还需要马上加工成各种奶制品。草原上的女人是最辛苦的。洁白的奶汁经过加工、晾晒或发酵，变成各种固体的和液体的奶制品，只有牧民才知道其中凝聚的时间和心血。那是从草尖流淌到勤劳的蒙古族牧民手指间的游牧时间的结晶。

在四季游牧中，冬季是最严酷的季节，牧民主要是保护畜群安全渡过雪灾等难关，同时因为季节的原因，一部分牲畜要走完它的生命历程。蒙古族人通常在农历十月份入冬以后开始屠宰牲畜。但是，屠宰牲畜是有选择的，一般选体质虚弱、难度冬天的老弱牲畜进行屠宰，而仔畜和体质好的壮畜是不会屠宰的。而且，蒙古族牧民因为对牲畜有深厚的感情，屠宰时讲究牲畜的安乐死，用最快的速度在牲畜还没有感到痛苦之前就迅速结束其生命。这与当今社会注水猪等惨不忍睹的屠宰方式相比，不知道"畜道"多少。而且，蒙古族人屠宰牲畜的时候也进行简单仪式，祈祷

锡林郭勒冬季草原上的骆驼

牲畜的繁殖。如，蒙古族人杀牛讲究一刀迅速结束其生命，并在牛倒下去的时候会吟诵："落到之处，生下红牛犊吧！打到之处，生下斑毛牛犊吧！屠宰的地方，生下花牛犊吧！"

　　草原上的游牧时间，见证了草木枯荣，也见证了五种牲畜的生命历程。在这当中，五种牲畜在四季游牧中一直感受着游牧的蒙古族人的情感投入，从生到死。

游牧以度四季，节日以求草原兴盛

一提起草原上的节日，人们首先想到的可能是那达慕大会和敖包祭祀。但是，实际上草原也并不完全是节日和歌舞的海洋，虽然蒙古族是能歌善舞的民族。与其说游牧的蒙古族人节日多，还不如说游牧生活各种仪式繁多。而且，这些仪式都与游牧生活有关。在外人看来，蒙古族人的各种民俗仪式富有浪漫色彩，充满诗情画意，但是蒙古族人自己却把这些仪式当作生产生活当中必须完成的环节来进行，这些民俗仪式都有自己的特定功能和文化内涵。譬如说，那达慕大会的缘起并不是为了娱乐人，而是为了娱乐神，赛马、搏克（摔跤）和射箭等男儿三项技能比赛都是为了娱乐天地之间的神灵、祈求风调雨顺和牛羊繁殖而进行的。而敖包祭祀则更是不言自明，就是为了祭祀山水神灵而设立的，在传统游牧社会中正规的敖包祭祀是有非常严格的讲究的，一般是每年的春夏之际祭祀敖包祈求草场茂盛，而如今蒙古族各地区为了发展旅游，复原了敖包，只要有客人，随时随地就"祭祀"敖包，打乱了敖包祭祀的时间程序。

蒙古族人的四季游牧，都是在动态中度过的，不停地迁徙转场，频繁地举行各种民俗仪式，一切都是为了五种牲畜的繁荣和牧草的茂盛。在蒙古族人的民俗生活中，各种仪式除了祭祀神和祖先的仪式外，更多的都是和五种牲畜的放牧有关的仪式，包括小小的巫术。因为，饱经自然灾害的游牧民族，虽然是坚强和强悍的，但是他们更懂得畏惧自然，各种仪式和巫术就是他们这种心理的体现。

扎鲁特旗罕山敖包

看牛羊的牧民：我可以看
得很远，但我更关心我的
牛羊在哪

春天是大地复苏，候鸟归来，万物得到蓬勃生机的美好季节。因此蒙古族牧民在候鸟归来的时候举行招福（Dalalga）仪式，吟诵《召唤词》，希望通过从南方飞回北方草原的各种鸟类这些可见的春天标志来带动和促进五畜繁殖："当白色的水鸟飞来，当皑皑的雪山融化，当白色的母驼下羔的时候，我们召唤无限的福分！呼瑞！呼瑞！呼瑞！当洁白的天鹅飞来，当遍地的冰雪消融，当乳黄色母驼下羔的时候，我们召唤无限的好运！呼瑞！呼瑞！呼瑞！"

到了初夏，蒙古族牧民以母畜初乳洒祭天地诸神，举行专门祭祀仪式，吟诵洒祭词祈求人畜兴旺："每一棵灌木都是神灵，每一座山岩都是圣主可汗，向我们逐水草迁徙的故乡山水，向我们搭建蒙古包的地方，向我们所到之处的土地，用洁白的母马初乳，敬献九九圆满洒祭。"一方面表达对万物神灵恩赐的感激之情，敬献游牧生产的第一劳动成果——"要说我们碰到了它，只是挤奶的五个手指，要说我们触到了它，只是将其盛装在洁净的奶桶里"——母畜初乳供天地诸神享受，另一方面祈求神灵继续保佑和赐给更多的恩惠。母羊初乳洒祭仪式上由两位妇女一人手持九眼勺，一人手持盛有母羊初乳的奶桶顺时针绕蒙古包和羊圈三周向天地十方神灵洒祭母羊初乳并吟诵洒祭词。而母马初乳洒祭仪式更为隆重，而且过去因为挤马乳是由男子来完成，所以仪式也由男子来完成。两位骑白马的男子用套马杆挑起盛母马初乳的奶桶绕系仔马的长绳顺时针转三圈，这个过程中一位亦骑白马的男子用九眼勺向四面八方的神灵洒祭初乳并吟诵洒祭词。

　　蒙古族人每年入冬后要准备一年的肉食，屠宰牛羊，并举行"达尔汗宴"仪式。屠宰牛羊的人叫作"达尔汗人"，"达尔汗人"把吃干净后的牛颈骨顺时针转三圈后献给火神，然后吟诵《寰椎祝词》，"一岁牛犊的时候就让我们吃上黄油和奶酪，两岁时候让我们穿上貂皮和绸缎，三岁时让我们佩戴珊瑚和珍珠，五岁时套着牛车拉我们去叩拜宗喀巴佛……十岁时放到丰美的草场长肉长膘，十一岁时牙齿开始松动和脱落时屠宰"，铺叙牛的一生及其对牧民生活的种种贡献，最后以夸张的言辞祝福主人家畜群繁盛。

　　实际上，在草原上，五种牲畜的一生在不同的季节和不同的时间段都是由蒙古族人的民俗仪式和美好的祝福陪伴着度过的，从出生到死去。因此，这就是游牧文明与农业文明的区别，游牧的蒙古族人在草原上经营的是带着感情的动物。这也是不同季节陪伴着美好祝福和民俗仪式经历草原枯荣的游牧时间。

圣洁的初乳感恩大自然

表达对万物神灵恩赐的感激之情，敬献游牧生产的第一劳动成果。

洒祭（Tsatsal）是蒙古族牧民以母畜初乳洒祭天地诸神祈求人畜兴旺的专门祭祀，在洒祭仪式上吟诵的歌谣就是洒祭词（Tsatsliin üg）。洒祭词是蒙古族万物神灵信仰形成之后出现的，如在《母马初乳洒祭经》中吟诵道：

> 每一棵灌木都是神灵，
> 每一座山岩都是圣主可汗。
> 向我们逐水草迁徙的故乡山水，
> 向我们搭建蒙古包的地方，
> 向我们所到之处的土地，
> 用洁白的母马初乳，
> 敬献九九圆满洒祭。

洒祭仪式一方面表达对万物神灵恩赐的感激之情，敬献游牧生产的第一劳动成果——母畜初乳供天地诸神享受，另一方面祈求神灵继续保佑和赐给更多的恩惠。这就是献祭与祈祷的主题——祭祀神灵就是为了诉求，其目的无非就是"通过对神的祈求和祝祷，使我的意志、愿望和想象成为可能和现实"。

洒祭仪式的供品是母畜初乳，后来又以茶、酒等洒祭神灵。特别要指出的是洒祭仪式中用的九眼勺。九眼勺一般长50—70厘米，勺头刻有九个眼孔，眼孔里镶有珊瑚、珍珠、金、银、钢、铜、绿松石、海螺等九种珍宝，勺把上系彩布

44

九眼勺

条和哈达。显然，九眼勺是一种象征用品，其功能和招福仪式中使用的箭是相同的。而且，洒祭仪式中的特殊用具九眼勺的象征功能决定了洒祭词的格式特点，如仪式中向各种神灵都要洒祭九或九的倍数的供祭，严格遵循了九眼勺的象征意义。

蒙古族民间的洒祭仪式有牛、马、羊初乳的洒祭仪式。洒祭仪式在程序和结构上基本是统一的，一般由说明洒祭的理由、点名天地诸神洒祭和祈求神灵佑护等三个部分组成。只是洒祭仪式中的对象牛、马、羊等牲口名称更替套入洒祭词的相关内容中，就成为专门的《母马初乳洒祭词》《母羊初乳洒祭词》和《母牛初乳洒祭词》。

而母马洒祭仪式更为隆重，而且因为挤马乳是由男子来完成，所以仪式也由男子来完成。《母马初乳洒祭词》中交待洒祭理由说道：

> 青花母马产驹下奶，
> 没有谁品尝过圣洁的母马初乳，
> 只有青花马驹吸吮过母马的奶头。
> 黑母马产驹下奶，

黑头绵羊和它的孩子

45

没有谁尝新过纯洁的母马初乳，

只有那黑马驹吸吮过母马的奶头。

要说我们碰过它，

那是五指展开挤乳头，

要说我们触到它，

那是奶桶装满圣洁的奶，

为的是将其献给神。

《母牛初乳洒祭词》除了与母羊、母马初乳洒祭仪式所共有的内容外，特别提到与牛群繁殖兴旺有关的专职腾格里神，这是母牛洒祭词所独有的特征：

向保佑蒙古花斑牛繁殖兴旺的

吉雅其腾格里

敬献九九圆满洒祭，

向繁衍长犄角青牛的特和腾格里

敬献九九圆满洒祭，

向佑护繁殖犍牛的腾格里

敬献九九圆满洒祭，

向繁衍犏牛的腾格里

敬献九九圆满洒祭。

畜牧业洒祭词已经相当规范化和类型化，洒祭仪式也已经成为特定季节定时举行的重要的生产庆典。与此相比，狩猎洒祭仪式则是随意性的，并且都很短小。如猎人出猎的途中向狩猎神玛纳罕腾格里敬献茶或食物，替作洒祭供品，吟诵下面诗句并绕着点燃的火堆顺时针转三周的做法与上述牛、马初乳洒祭仪式是相同的：

博大的杭爱山

富饶的杭爱山

时刻佑护我们的腾格里神，

挤奶时分

保佑我出猎有所收获，
保佑我拴绳系满猎物，
保佑我行猎平安无事，
保佑我心静如水不受惊。
祈求玛纳罕腾格里
赐给我财气和福气。

　　可见，狩猎洒祭仪式的直接目的就是猎取更多的猎物，体现了献祭的终极目的
是人类通过祈求神灵满足自己的需要。

　　成吉思汗祭典中的查干苏鲁克（吉祥畜群）大祭实际上就是由官方举行的全民
性质的洒祭仪式，而其源头则是母马初乳洒祭仪式。虽然经过官方的进一步规范化

并被纳入到盛大的成吉思汗祭典中，但仪式的结构和所吟诵的洒祭词的格式与内容都基本保持着普通民众举行的洒祭仪式的所有特征。查干苏鲁克大祭上洒祭用的工具叫"楚楚和"，形如金杯而有柄，连柄儿一共七寸长，纯银制作，头上有九个浅杯。我们认为楚楚和就是由九眼勺演变来的，虽然其质地和形状有所变化，但仍然保存着九眼勺的结构，并且洒祭时手持楚楚和的人必须围绕着盛九十九匹白骏之乳的酸奶缸、成吉思汗神马"溜圆白骏"和插在地上的"翁嘎利勒"洒祭鲜乳。所谓翁嘎利勒，就是把芨芨草棍儿分成九节，每节用羊绒在柳条上包扎出蓬松的柳絮之状，插在地上。在卡尔梅克人中举行洒祭仪式时，从山上砍来长出嫩叶的树枝，并用白绵羊皮包在外面，又系各种颜色的彩带，以作牲畜繁殖兴旺的象征。这一风俗与上述翁嘎利勒之间无不有着内在的传承关系。总而言之，成吉思汗祭典中的洒祭仪式完全来源于民间，而且其吟诵的《九十九匹白骏之乳洒祭赞》完整地保留着民间洒祭词的风格和特征。

牛羊次第见，草尖之上的生活学问

在草原上，在游牧的蒙古族人中，经验丰富的牧民实际上都是精心研究草原和五种牲畜甚至草原动植物及生态的专家。他们的学问并没有停留在嘴上，而是身体力行地实践着从祖先传承下来的只属于游牧文明的一套完整的知识体系。而且，这套知识体系是为了适应草原生态和游牧生活的特征而产生和传承的。除了关于牧场和五种牲畜的一般实用性民间知识以外，这套知识实际上也是牧民调节草场和五种牲畜平衡关系的基本准则。

在草原上，除了洁白的蒙古包，映入人们眼帘的便是牛羊驼马等五种牲畜。绵羊是蒙古族人的主要牲畜，蒙古族人说吃羊肉，指的是绵羊肉，而山羊则主要是梳其羊绒。在羊群中，绵羊和山羊的比例是有说法的，一般来讲，山羊的比例很小，但是近来羊绒需求量增多，导致牧民羊群中山羊比例增加，其后果，可怜的山羊不仅被扒光身上的绒，还被扣上破坏草原生态的罪名。这实际上是现代工业文明不尊重五种牲畜结构比例，一味追求羊绒工业原料数量的后果。

在草原上，不仅羊群中绵羊和山羊的比例要协调，而且其他牲畜的比例也要协调。以蒙古包为中心，蒙古族人五种牲畜的牧场形成了从小到大的一个个同心圈。绵羊、山羊等被称作"短腿"或"细腿"的牲畜

又是双胞胎

49

和牛群的草场离蒙古包最近，必须每天都要收回来。而马和骆驼等"粗腿"的牲畜则没有必要每天都找回来，其草场也比较远。因此，蒙古族人的牧场就按照绵羊（山羊）、牛、马、骆驼，依次形成了同心圈。在英雄史诗中，英雄到敌人或未婚妻的家乡时，最先见到放骆驼和放马的牧人，再见到放牛的牛倌，最后见到放羊的羊倌以后就到了主人家。这生动地反映了蒙古族人自古以来五种牲畜的草场分布结构。

五种牲畜是草原上的人们的财富，羊和牛主要提供食物（包括肉食和奶食）、皮毛、燃料，马和骆驼主要用于运输，特别是马用于战争，游牧民族在历史上就是因为骏马而留下了深刻影响。五种牲畜也是游牧的蒙古族人与大地之间的活动的纽带。实际上，游牧的蒙古族人就是借助牛羊与大地相依为命的民族，他们就是通过牛羊经营和享用着土地资源。而现在，五种牲畜的比例日益失调，因为汽车和摩托车已经成为牧民最重要的交通工具，所以骆驼已经淡出草原生活很久了。

牧民实际上是很熟悉五种牲畜与草场的结构的，因此控制畜群的数量和草场载畜量的关系，掌握畜群的繁殖等，都成为游牧经济中的关键环节。草原的载畜量是固定的，如果载畜量超过合理范畴，草场很快就会退化，直接影响畜群的繁殖和放牧。

在游牧文明中，草场、人和牲畜构成了互动循环的三个要素。其中，人对草场的适应最关键。草场是有限度的，放牧牛羊必须要看草场的载畜量。如果在固定的草场上放牧超载的牲畜，草场马上就会退化。因此，蒙古族牧民并不是不顾草场盲目地繁殖牲畜，而是用去势等手段对畜群进行淘汰，优化品种来控制畜群数量并调节草场的载畜量。现在，也有把草场租给别人，为了眼下利益而过度放牧，导致草场载畜量超过合理范畴的例子。

春天接羔时

广阔而脆弱的草原：
除了不停地迁徙转移别无选择

草原有两个特征，一是广阔，二是脆弱。

这广阔，决定了过去传统游牧社会中大空间范围内的大幅度频繁迁徙移动。而且，千百年来草原景观是连成一片的，牧场与牧场之间的界限是模糊的，与农业文明中把土地切割成一块块田地经营很不一样。一片草原只有在不被切割、不中断景观连续性的前提下才能保持其植被的动态的多样性。

在这种多样性和可持续性中，草畜平衡是关键中的关键。实际上，有经验的牧民首先是深知草场载畜量的，牲畜一旦超过草场能够承受的载畜量，就会引起草原的退化，放牧时间就不会再持久下去了。

在蒙古族人美妙绝伦的祝赞词中一般都喜欢说："祝福我们的牛羊数也数不清。"认为数不清才吉利。不过，虽然嘴上这么说，但是实际上蒙古族人在现实生活中还是依靠去势技术一直有序地控制着牛羊的数量。在游牧文明里，人不是主宰者，而只是草场、牲畜甚至包括野生动物在内的草原生态系统的积极调节者。蒙古族人主要是通过这种"调节"来从大自然中换取自己必需的生活资料。

四季游牧的时间与草原游牧圈的面积大小有直接关系。包括蒙古族人在内的北方游牧民族自由游牧的传统生活方式到了20世纪初才被改变和中断。清代，盟旗制度首次把自由游牧的界限局限在旗界内，但是游牧圈还是相当大，草原景观的连续性还没有被完全中断和切割，直到清末蒙地开垦。到了20世纪60年代，延续几千年的逐水草而居的纯游牧方式逐渐被放弃，蒙古族人开始定居游牧，草原界限被明确划定后，游牧圈进一步缩小，游牧幅度逐

51

渐缩小。到了20世纪80年代草畜承包后，草原已经按照牧户被切割成大大小小的草场，连续性和统一性彻底被打破，在很短的时间内就引起草原的严重退化。其主要原因就是今天的畜牧业已经不可能像以往那样大幅度移动，已经无法保持动态的草原植被多样性。日益缩小的牧场面积和草原植被多样性的失衡，已经无可挽回地改变了传统游牧的时间结构。

山羊习性淘气好动，擅长爬高登山

到了春天，草木生长，要到春牧场，路途遥远。到了夏天，花草盛开，要到夏牧场，路途遥远。

逐水草游牧：
人比牛羊还累，为了草原的休养生息

在一般人的理解中，逐水草而游牧似乎就是一片牧场吃完了，再去找另外的好牧场去放牧。而真正的游牧迁徙并不是等到一片草场吃光了才走，而是放牧一定程度以后就要迁徙，以保障这片牧场正常地恢复循环。正是这种游牧方式，使草原上的人们频繁地迁徙，人比牛羊还累，却保障了草原得到合理的休养生息，赢得了草木生长的时间。而逐水草迁徙，也不是漫无目的地跟着牛羊流浪，而是有目的、有规律、有计划、有限度地迁徙。游牧迁徙除了正常的按季节移动牧场以外，遇到自然灾害和战乱时还要被迫频繁迁徙。其中，草原上的蒙古族人最害怕的就是所谓的"白灾"——雪灾。

首先在时间上，游牧迁徙的次数和距离都有约定俗成的规律性。蒙古族人按季节，把牧场分成冬牧场、春牧场、夏牧场和秋牧场，这就是说，一年当中蒙古族人至少移动牧场4次。实际上，在传统游牧社会，每个季节还至少迁徙2—3次，因此一年迁徙次数在10次以上。从一片牧场转移到另一片牧场，要看草场长势的好坏。好的草场，放牧时间可以稍长一点，草长得不好，可能就要频繁转移牧场。在时间上，春天牲畜体质虚弱，不宜长距离或频繁迁徙，这些都是蒙古族牧民心里再清楚不过的常识。

在纯游牧社会中，逐水草游牧的移动幅度很大，一般从十几公里到几十公里甚至上百公里不等。扎鲁特长调民歌《四季》中唱道：

到了春天，
草木生长，
要到春牧场，

草原上的一棵树

路途遥远。

到了夏天，

花草盛开，

要到夏牧场，

路途遥远。

依次唱春牧场、夏牧场、秋牧场和冬牧场的遥远，可见游牧幅度之大。但是在今天的扎鲁特草原上，已经无法想象歌中唱到的景象了。

据学者们的调查研究，蒙古族的游牧一般有水平迁徙和垂直迁徙两种模式，也细分多种类型。水平迁徙主要是根据气候和草场的变化，冬天往南迁徙，夏天往北迁徙，以此适应季节性气候变化。而垂直迁徙则是在草原低谷和山地之间的移动，夏天到海拔高的山地牧场放牧，冬天再返回低谷草原的温暖地带过冬。

而且，牧民的迁徙也不是想到哪里就到哪里，而是有明确的限定。从古代开始，蒙古族人就遵守着这种习惯法，在自己所能掌握的土地上迁徙。著名蒙古学家弗拉基米尔佐夫指出，在欧洲文献中，常常遇到这样的说法：游牧民按照自己的意愿自由自在地在草原上游来游去，他们想去什么地方就游牧到什么地方，想在什么地方停驻就在那里停驻下来。实际上，这种情况从来没有发生过。13世纪访问蒙古汗国的法国使者鲁布鲁克指出，蒙古部族的任何首领只要一看自己属下人数的多寡，就能知道自己牧场的界限，知道自己的畜群在春、夏、秋、冬四季应该到哪些地点放牧。显而易见，11—12世纪的蒙古部族也是这样沿着一定的路线，在一定的地区进行游牧的。著名学者拉铁摩尔曾经说过："没有一个单独的牧场是有价值的，除非使用它的人可以随时转移到另外的牧场上，因为没有一个牧场经得起长时期的放牧。移动权比居住权更加重要，而所有权就是循环移动的权力。"这就是游牧民族为什么不停地游牧迁徙的根本原因。

这其中，最关键的是游牧民族必须有足够的草场移动。随着工业文明和农业文明不断地蚕食游牧文明，这种移动不仅在空间上逐渐缩小，而且在次数上也不断缩减。现在锡林郭勒草原等纯牧区也基本上只保留下冬季和夏季两次转场，变成了一年转场两次就代替了过去的一年十几次的转场了。

当我们厌倦了水泥森林中的物欲横流,逃避都市喧闹,踏上一半是花一半是草的芬芳的草原,心胸就会一下子豁然开朗。一首《敕勒歌》把自古以来中国人传统观念中的草原描绘成"天苍苍,野茫茫,风吹草低见牛羊"。随着历史的推移,人们似乎对草原有了进一步的认识,提起草原马上就会联想到蓝天白云绿草地,马头琴、长调民歌和呼麦。但是,这就是草原和蒙古族人生活的全部吗?其实,草原的神韵不仅仅在于她的蓝天白云和哈达、歌舞,还在世世代代生活在草原上的蒙古族人的眼神里。但是,很少有人去真正关注游牧的蒙古族人在草原上生存的实际状态、他们生存境地的脆弱和他们面对草原时的敬畏和坚强。

游牧·蒙古族人

漫长的草原时光

长调般漫长的人生

如果说漫长的草原时光是在诗性文化中度过的，那么蒙古族人的一生就是一首长调。

只有草原上的游牧的蒙古族人，才能用长调民歌思考人生。

知道歌王哈扎布的人们可能都听过他演唱的长调民歌《老人与鸟》。这首苍凉的长调民歌，以南归秋雁与草原上的智者老人之间的一问一答，诗性地表达了"本不想衰老，无奈遵循世间规律"的人生哲理。听这首歌的人，可能更多地去关注"人生苦短"的感叹而忽略了老人对鸟群讲的人生智慧。

老人对鸟群逐一讲了应该如何度过生命历程的深刻道理。如老人分析人类衰老的原因时说，时间如梭，一旦过去就永远无法返回，世间没有任何力量能够把时间倒转过来。人的生命随着时间的推移、流逝，从刚出生的婴儿逐步成长为少年、青年、壮年，再从壮年衰老变成白发苍苍的老人，生命日益衰微，直至死亡。人生好比登高山，生命从地平线不停地向上攀登，登上山顶之后，又要开始走下坡路，最终下山回到原点，这是宇宙间所有生命的规律，人生也不例外。老人还告诫鸟群，在短暂的人生当中要放弃傲慢和好战等人性弱点，要弘扬谦虚、平和的人性优点，与人为善，与自然和谐，这样才能平安幸福。

《老人与鸟》实际上就是世世代代生息在草原上的游牧的蒙古族人对人生的精炼概括和深刻反思。《老人与鸟》是游牧的蒙古族人的人生哲学。

草原上的蒙古族人的一生，在他文化的人看来，是马背上驰骋的一生，既浪漫又辉煌，使人充满了憧憬。但是，蒙古族人自己对人生的态度却是低调但不低沉，泰然自若，就像草原随着一年四季的变化，从萌芽、茂盛到枯萎，顺着自然规律枯荣，谁也无法改变和阻止。因此，蒙古族人对人生不同阶段的理解，自有独特的思考，甚至面对死亡，蒙古族人的内心也是平静如水。蒙古人对人生不同阶段的思考，多体现在诸如《老人与鸟》等长调民歌中，也反映在英雄史诗中。英雄史诗一般都是讲述英雄如何镇压敌人和恶魔，保卫家乡和部落，或者到外族部落求婚，战胜对手娶亲的故事，而几乎不讲述英雄后半生的故事。英雄史诗几乎没有英雄死亡的结局。因此，专家学者们指出英雄史诗的主题就是讲述英雄前半生的故事，就是英雄从诞生、童年到长大成人、经受考验和娶亲成家的故事，而这个故事在某种意义上也象征了蒙古族人一生当中要经历的不同人生阶段的重要仪礼。草原上的蒙古族人的一生其实是很平凡的，但是它每个阶段都有特殊的意义。

当婴儿降生到这个世界上，蒙古族人称之为"新人"。这个"新人"，是未来草原的主人，他的一生注定要与草原结下不解之缘。蒙古族人家有了新人，一般都会在蒙古包上做标记明示。如果生了男孩，就在门口挂小弓箭，以示家里增添了日后搭弓射箭的男子汉；如果生的是女孩，就挂红布条，以示家里增添了心灵手巧的姑娘。

几乎所有的蒙古族人都是在摇篮里长大的，几乎所有蒙古族人一生都难忘被绑在摇篮里摇摆、随着母亲悠扬的《摇篮曲》长大的幼年。对一个蒙古族幼儿来讲，摇篮就是他的世界。草原上的蒙古族人从来不知道尿不湿，在摇篮里垫在婴儿小屁股下面的是家乡的沙子，是母亲从河边背回家，在锅里炒干，高温消毒的沙子。因此，蒙古族人一来到这个世界，亲密接触的就是家乡温暖的沙子，这样长大的人怎能不爱大草原呢？在摇篮的半月形挡板上要挂上很多小玩意，而这些小玩意也都有自己的特定功能。如挂狼踝骨，那是保护孩子；挂毡子剪的狐

草原母女

59

狸，据说这样孩子梦里就不会受到惊吓。

当孩子到了蹒跚走路的时候，就让孩子赤脚站在草地上，剪掉拴着孩子双腿的红线，这是蒙古族人人生当中的第一次"剪彩"。从此开始，孩子就在蒙古包周围玩耍，除了小朋友，还有小狗、小羊羔等都是孩子的小伙伴。对孩子来讲，狗和羊羔都不是牲畜，而是和自己一样一起玩耍的小伙伴。蒙古国有一部电影《小黄狗的窝》正是描述了这种童年。

在蒙古族人的童年记忆中，最难忘的可能就是羊拐子（也叫沙嘎，即羊踝骨）。可以说，羊拐子过去是蒙古族儿童几乎唯一的室内玩具。蒙古族人把羊拐子看作财富的象征，因此吃了羊肉以后会把羊拐子上的肉啃（剔）干净，然后装在专门的袋子里保存起来。羊拐子主要用来做各种游戏。蒙古族的羊拐子游戏有几百种，从放牧到那达慕大会的摔跤、赛马、射箭，无所不包。而实际上，羊拐子游戏就是游牧民族的"编程序"，编出几百种程序来教育儿童熟悉生产和生活的各种规则。因此，有学者称羊拐子就是蒙古族人认识生产和生活规则的微型模型。蒙古族儿童特别珍惜羊拐子，蒙古族民间流传着家喻户晓的民间故事《金羊拐银羊拐》，讲的是小男孩为了心爱的金羊拐银羊拐与妖婆智斗的故事。

蒙古族儿童从一出生，就开始接受各种仪式。其中，剪胎毛的仪式比较重要。蒙古族人取名，过去在信仰藏传佛教的年代多请喇嘛取藏语名。而除了藏语名，蒙古族人

孩子们的乐园

的母语名字还是和草原的关系最密切。男孩名字多与布日古德（雄鹰）、阿尔斯朗（雄狮）、阿古拉（山）、哈达（岩石）等力量或坚硬的象征有关；而女孩子的名字则多与草原上美丽的花草有关，因此草原上到处都是娜仁花、萨仁花、琪琪格、图雅、莎日娜、斯琴高娃，她们确实个个是草原上一朵朵美丽的鲜花。蒙古族人取名也有很多禁忌，其中除了一些与祖先名字避讳的习惯，还有就是忌讳取"硬名"。如腾格里（天）、嘎扎尔（地）、阿云嘎（雷），这样的名字都是蒙古族人畏惧和忌讳的。

锡林郭勒正蓝旗女孩

蒙古族人非常强调儿童教育，从小培养孩子的生活技能和生存能力。不分男孩女孩，到了五六岁就要学会骑马，大人就要给孩子准备小马鞍。在草原上赛马，骑手都是不到十岁的孩子，有男孩，也有女孩，而成人和孩子一起赛马是被人笑话的。而且，骑赛马没有马鞍，由此可以看出蒙古族人自幼在马背上长大的惊人的技艺。而孩子一懂事，就可以帮助大人干活。譬如在妈妈挤奶的时候，孩子帮忙拉小牛犊，平时赶羊、捡牛粪，等等。其实，草原上的孩子们也贪玩，但是他们很早就开始学会劳动，很早便成了大人的帮手，这都是一个好牧民必备的。更重要的是蒙古族人非常注意把孩子教育成一个懂礼节的人。长辈除了教孩子们一些民俗礼节外，还要告诫他们很多禁忌是蒙古族人从小要懂得遵守的。从待人接物开始，蒙古族人从小被传统民俗规范成一个懂礼节的人。

成年礼是任何民族都有的民俗仪礼。游牧的蒙古族人自古有成人礼仪，一般是男孩13岁、女孩14岁的时候举行成人礼，主要是改变发型。通过成人礼仪以后才能获得社会地位，才能参加一些社会活动。

婚礼是蒙古族人重要的人生仪礼。蒙古族人认为，人结婚以后才能成为完整的人，没有结婚的人是半人。因此，蒙古族人特别看重完婚对人生的意义。同时，婚姻又是一种分离仪式,新娘要离开娘家部落嫁到夫家,融入另一个部落去生活。在蒙古族婚礼中有一个普遍的仪式,就是新娘进入夫家的时候先被挡在门外,经过双方"和勒木日赤"——能辩善言的人一番争论以后才能让新娘跨进夫家的门槛。实际上这是古老的风俗,意思是新娘是外部落的人,把外部落的人纳入本部落,是会引起部落祖先或守护神的不愉快的,因此要举行仪式,接受新娘这个外部落的人。同样,新娘出嫁前在娘家改变发型,把少女的发型改成新娘的头型,也就是把原来少女的一条长辫分开梳成已婚妇女的两条辫子。在分头发的时候还要说:"我们没有给新娘分梳头发,而是把黑头绵羊的头分成了两半。"实际上这是一种巫术,把改变发型的事实说成分羊头,是一种转嫁巫术,为的是安全度过因为把本部落的成员嫁到外部落的事实而引起祖先不悦的非常时刻。新娘经过如此繁多的种种礼节跨过夫家门槛以后,婆婆就会把舀奶茶用的铜勺交给儿媳妇,从此新娘就成为这家的女主人,早晨第一个起来,拉开蒙古包的天窗盖,第一个点火熬茶,忙里忙外,生儿育女,如此这般度过一生。蒙古族一般都是以家庭为基本单位,因此孩子到了结婚年龄,就单独准备新的蒙古包,结婚后的年轻人就在父母家的旁边独立生活。因此,对于家庭来讲,婚姻仪式也是从大家庭中分离小家庭的过渡仪式,而合的却是从各自家庭里分离出来的两个年轻人,组成新家庭以后,就开始恩爱夫妻的漫漫人生路。

就像在《老人与鸟》中唱的那样,任何人都无法逃脱衰老和死亡。过去很多中外旅行家都记录过蒙古族人的野葬习俗,就是人死了之后就把尸体放在牛车上,牛车慢慢地走啊走,什么时候尸体被颠簸滑落下来,就认定是死者自己选择的葬身之地,就把尸体留在那里。蒙古族人把丧葬叫作"nutagluulna"(使之有家乡)或者"hudeelne"(把人放在野外),就表达了这一观念。也有说法是,如果野葬的尸体很快被野兽或者禽鸟吃干净,被认为是逝者生前积德所致;如果很长时间了都没有野兽和鸟禽吃掉,就说是连

左:内蒙古新巴尔虎旗的牧民奶奶
右:从牧区来呼和浩特上学的小男孩

鸟兽都不接受他，实际上这种野葬习俗是把死者纳入了草原的生态链中。在草原上，游牧的蒙古族人并不盛行建坟造茔，这是有古老传统的。从成吉思汗开始甚至更早，连可汗都没有坟墓，这就反映了一个普遍的观念，那就是人死了以后不再占有这片草原。蒙古族人接受藏传佛教以后，对死亡和灵魂以及地狱等概念也有了很多理解和阐释，但多是把死人的世界描述给活人看，为的是劝诫人们，人生在世要多积德积善。虽然其中贯穿的是佛教教义和因果观念，但是无疑对人们在生前和死后世界的联系中思考人生价值起到了重要的积极作用。

当然，研究民族文化的学者有一种感觉，那就是好像过去的都是黄金时代，因此对过去生活的描述都带有一些浪漫色彩。但是，实际上，草原上游牧的蒙古族人的生活处境也是十分艰辛的。由于常年住在蒙古包里，过去蒙古族人的关节疾病是最常见的。我国著名社会学家吴文藻先生于20世纪30年代携带夫人冰心到草原考察蒙古包时就从医疗卫生的角度提出过这些问题。中华人民共和国成立以后，在党和政府的亲切关怀下，在民族政策的照耀下，蒙古族医疗卫生条件普遍得到改善，蒙古族人口的平均寿命也提高了。

在游牧的蒙古族家庭中，男女地位实质上是平等的。蒙古族人把男人叫作"布斯泰昆"，意思是系腰带的人，女人叫作"布斯贵昆"，意思是不系腰带的人。蒙古族男人剽悍豪放，但是平时给外人的感觉不外乎是草原上的男人都散漫懒惰，除了骑乘好马炫耀自己和喝酒寻乐以外好像无所事事。殊不知，实际上蒙古族男人也和女人一样勤劳，只不过是他们的劳动很少被观察者撞见或被全过程经历。在游牧社会里，男人主外，而且主要负责"粗腿"牲畜的放牧，如放马和牧驼等。试想，成百上千匹的骏马都是男人用桀骜不驯的烈马调驯而成的，这其中的惊险不说，只要想想把烈马调驯成温顺的坐骑所需的耐心和毅力，这一点就足以说明蒙古族男人的伟大，而牧马人在零下几十度的冰天雪地里在野外守夜，那是只有草原女人心目中的英雄才能胜任的。这样的男人，从野外归来，"下班"回家以后盘腿坐在蒙古包里，从妻子手中右手接过茶碗慢慢地喝着热腾腾的奶茶，或者端起盛满奶酒的碗，先向祖先和神灵敬献，再慢慢品尝，其坐姿犹如凯旋的勇士，有一种与生俱来的贵族气质。与这样的男人共度一生的草原女人内心是没有怨言的。

草原上的人们就这样在无边无际的大草原上小心翼翼地经营着生活，满怀感激地享用着草原赐给他们的一切，经营着平凡但幸福的生活，内心平静地度过如那长调般漫长的人生。

草原上的人生从摇篮开始

蒙古族的摇篮叫作"卧鲁给伊"，用山丁子（杜李）、松木等制作，具有子孙繁衍、繁荣兴旺的象征意义。原哲里木盟等内蒙古东部地区蒙古族的摇篮用榆木制作，而且做摇篮的榆木必须是生长在险峻地方的低矮榆木，取榆木的坚硬之意以期盼婴儿身体强壮。

摇篮呈半圆筒形，可以左右摇摆，由以下几部分构成：

第一部分：组成摇篮前端的挡头叫作"哈拉"，原哲里木盟等地叫作"玛哈拉"，用开花结果的桑树枝或有弹性的柳条弯成弓状插在摇篮前端，蒙以红布、蓝布或白布，背后贴日月剪纸，上面挂铜镜、铜钱、海螺、玛瑙、小弓箭等小物件，也有的挂装有婴儿脐带、第一次剪的头发等的小口袋或护身符。

第二部分：摇篮两侧的木栏叫作"阿日拉"，每侧有三个铁环或铜环，系有皮绳，可将婴儿绑在摇篮上。

第三部分：摇篮末端的脚横板叫作"伊斯古鲁尔"或"卧鲁给伊拖拾哈"。用称作"呼布其"的三条皮绳拉在伊斯古鲁尔和哈拉之间，上面可以覆布帘以防灰尘和蚊蝇。

第四部分：摇篮的小床板叫作"卧鲁给伊阿答日"，内蒙古西部地区铺数层毡片，东部地区则铺装满荞麦皮的口袋。

第五部分：前后连接两侧木栏和床板的月牙形轱辘叫作"贺格斯"，上面刻有精美图案。

依蒙古族风俗，婴儿一般在出生后第三天或第七天就开始被放入摇篮内，届时还举行小型摇篮宴，请喇嘛诵经，祝福孩子健康成长。蒙古族中还有很多有关摇篮的禁忌，如果孩子很长一段时间不在摇篮里睡，就不能闲置摇篮，必须在摇篮里放斧头、镰刀或犁铧，以防夭折的婴儿灵魂侵占摇篮，从而使孩子生病。蒙古族妇女把婴儿放入摇篮后轻轻地左右摆动使其入睡，同时可以做针线活儿。

蒙古族人有很多育儿习俗，其中母亲唱摇篮曲，不仅使婴儿随着摇篮曲进入梦乡，而且还是蒙古族人教育儿童和背诵家谱的一种手段。《摇篮曲的传说》是一个非常感人的风俗传说：

从前，一位可汗有一个女儿和一个儿子。有一次可汗出去打仗，和家里失去了联系，可汗的女儿和哥哥两人只好相依为命，靠哥哥打猎为生。后来哥哥娶了妻子，但是嫂子总想害死妹妹。有一天哥哥外出打猎，嫂子就趁这个时机假称要做游戏玩，自己把较小的黄羊羊拐吞藏起来而骗妹妹去吞藏那较大的盘羊羊拐，结果盘羊羊拐卡在姑娘喉咙里使她昏死过去了。恶毒的嫂子就把失去知觉的妹妹装进一个箱子里，然后又把箱子扔进河里。好在苍天有眼，妹妹被河流下游的好心人救活并和一名神箭手结婚生子。

一个老仆妇把女主人的身世家谱编到一支曲子里，一边哄着怀里的孩子睡觉一边唱着摇篮曲："哈日勒岱汗的孙子啊，宝贝，宝贝，宝贝！哈流特根台吉的外甥啊，宝贝，宝贝，宝贝！哲日格勒岱·莫日根的外甥啊，宝贝，宝贝，宝贝！布日勒·莫日根的儿子啊，宝贝，宝贝，宝贝！布达格·沙盖啊，宝贝，宝贝，宝贝！"有一天老可汗听到这曲子，询问事由，终于和失散多年的亲生女儿还有外孙见了面。从此以后，这种在唱词里歌唱家谱的曲子就在可汗的臣民中广为流传，这就是摇篮曲的传说。

科尔沁地区摇车挂件

金踝骨银踝骨，文化踝骨

沙嘎，蒙古族孩子最喜爱的玩具，可以构筑出一个文化世界。

"沙嘎"是蒙古语，指的是动物的踝骨，也就是东北地区常说的"嘎拉哈"（满语）。游牧民族与农业民族不同，特别珍惜沙嘎，一方面把沙嘎当作牲畜的福分和财富的象征，另一方面沙嘎是蒙古族孩子最喜爱的玩具。几乎所有蒙古族孩子都听过爷爷奶奶讲述过《金踝骨银踝骨》的故事。故事是这样讲的：从前有一个叫作那木太·莫日根的老头。他有八百匹马，有一匹八条腿的神驹，还有一个八岁的儿子。有一天老头赶着马群上北山放牧的时候，遇上了挺着蒙古包一样大肚子的蟒古思（民间故事和史诗中的恶魔）妖婆。蟒古思妖婆抓住老头就逼他："你把自己的命交给我呢，还是把八百匹马交给我？或把八岁儿子交给我？"老头胆小怕死又爱财如命，于是答应把八岁儿子交给蟒古思妖婆。第二天老头迁徙到新牧场，故意把儿子心爱的玩具金踝骨银踝骨丢弃在原来蒙古包的旧址上。儿子要返回去取金踝骨银踝骨，问父亲该骑哪一匹马。父亲说："骑走在马群最后的长满癞痢的一岁马。"问母亲，母亲说："骑八条腿的神驹。"儿子骑上八条腿的神驹返回旧址，飞速从等在那里的蟒古思妖婆手中夺过金踝骨银踝骨就逃走。妖婆用铁制拨火棍打断了神驹的八条腿，孩子失去坐骑爬上了一棵金杨树。妖婆用拨火棍砍断金杨树时，先后来了红狐狸和白狐狸，它们骗妖婆睡去后，孩子从树上下来，跑掉了。孩子在路上遇到一头两岁牛，骑上牛往前逃的途中找到了父亲磨刀石的碎片和母亲扔下的梳子和针。妖婆赶上来，孩子把母亲的梳子抛在后面，立即变成无法通行的树林，把父亲的磨刀石抛在后面，立即变成无法越过的山崖，把母亲的

沙嘎进入阿拉善右旗博物馆

针丢在后面，变成汪洋大海。妖婆问孩子怎样才能渡过大海，孩子叫她把两块牛一样大的巨石拴在脖子上就能游到对岸。于是蟒古思妖婆淹死在海里。孩子从妖魔手中逃脱后牛就死去。孩子把牛的心脏放在怀里，睡在牛皮上。第二天孩子醒来，发现自己已经长大了，而且有了数不清的牛羊、华丽的宫殿和美丽的妻子。年轻人带着妻子找到父母，过上了幸福的生活。

学者们认为，《金踝骨银踝骨》是一个关于草原民族成年礼的有代表性的故事。故事里的孩子去废弃的蒙古包旧址上寻找金踝骨银踝骨，那里有蟒古思妖婆守候，意味着他独自去荒无人烟的地方并在萨满的指导下接受成年礼。这种成年礼考验的故事最初应是受礼者对受礼过程的模糊记忆，是他们经历难以忍受的精神折磨与肉体摧残时，于神智恍惚中所见到的虚幻景象。而且，在现实生活中是没有八条腿的神驹的，故事中的小男孩骑着八条腿的神驹，应该是象征了他坐在八条腿的桌子上接受考验。故事的结尾，主人公不仅战胜了蟒古思妖婆，而且还拥有了畜群、宫殿和妻子，说明他已经通过考验，长大成人了。而孩子为什么一定要回去找他的玩具——金踝骨银踝骨呢？这是因为，对蒙古族等游牧民族来讲，踝骨是一种特殊的玩具，是一种寓教于乐的教育工具。草原上的每一个蒙古族孩子都是由羊踝骨伴随着度过童年的。金踝骨银踝骨就是蒙古族人的童年。

沙嘎本是羊踝骨，是蒙古族用来游戏的道具。根据不同的组合和变化，有几百种玩法。沙嘎虽然是游戏，但实际上是蒙古族传统生产生活、制度和民俗文化的传承方式。孩子们在游戏过程中通过"放牧""男儿三项比赛"等各种游戏，从小熟悉各种生产、生活和社会事物的制度和秩序，沙嘎在某种程度上已经成了蒙古族文化方方面面的微型模型，其负载的功能不仅仅是游戏，更重要的是蒙古族文化的传承。如蒙古族儿童通过几块沙嘎就能够演绎出摔跤的比赛规则，这种文化传承方式是游牧民族所特有的。只有草原游牧民族才能对羊踝骨赋予特殊意义，使其成为传承文化的符号和载体。

然而，随着社会文化变迁，沙嘎游戏已经开始被人们淡忘。沙嘎游戏的衰弱，不仅仅是游戏的失落，更是我们正在不知不觉中失去草原民族最具特色的文化传承方式。这种文化传承方式的消失是从不足以引起人们特别关注的微妙地方开始的。不会因为沙嘎游戏的失传，羊和其他动物从此就失去踝骨，沙嘎游戏的失传不会影响动物的基因遗传，但是对草原文化和游牧民族的影响和损失却是巨大的。因为草原文化的游牧特性，其文化沿袭依靠沙嘎这种微不足道的骨头来传承，一旦这块骨头从草原文化中消失了，我们失去的将不仅仅是小小的羊踝骨，还有负载其上的博大的草原文化的重要传承方式。

在经济学上，草原牧场是一种低成本的丰富资源，但是草原牧场一旦遭到破坏，就很难再得到恢复，事实已经证明了这一点。而草原文化也和牧场一样，失去传承以后将无法完全复原。在这一点上，文化比牧场更脆弱。

作为乐器的沙嘎

草原就像绿色的海，毡包好似白莲花

「在我画三角形的地方歇脚喝午茶，在我画四方形的地方夜宿」，蒙古族人的世界以蒙古包为中心展开。

蒙古包是蒙古族的传统居所，也是最具游牧文明特征的民族建筑。

蒙古包是用木头和牲畜的毛制作而成的，一是就地取材，二是轻盈方便。蒙古包的材料非常简单，不是木头就是牲畜的毛：天窗、哈那（支架）是木制的，而围着蒙古包的墙毡是羊毛做成的，绳子是牛毛搓成的。蒙古包正是就地取材的杰作。蒙古包的形状，可能给人以美的联想，但是这种形状的发明却远远不是审美的要求，而是为了游牧生活的生存需求。草原上的冬天，风力之大，只有把蒙古包设计成圆形，才能让风力分成两股力量绕蒙古包而行，从而避免了方形建筑那样直接承受巨大的风力。蒙古包是最适合游牧生活的，搭建和拆卸蒙古包都不费半天工夫。因为游牧的蒙古族人一年当中要迁徙十几次，因此蒙古包的拆卸和搭建也很是频繁，要求材料轻便又结实。

随着时代的发展和生活方式的变迁，蒙古包也在不断发生变化。在蒙古族聚居地区，除了牧区生活中依然使用蒙古包以外，在大多数城镇定居地区，蒙古包已经实质性地退出了人们的日常生活。不过，随着内蒙古建设民族文化大区工程的全面开展和逐步深入，在城市建设中人们越来越重视蒙古包对民族建筑的文化影响，并注意从蒙古包中吸取传统民族文化的积极因素。

随着20世纪工业化的迅速发展，蒙古包也从原来的手工制作改为流水线的批量生产，当今的绝大多数蒙古包已经不是带着人情的温热的手工产品，而是冰冷的机器加工产品。这种蒙古包由机器制造，虽然提高了生产效率，但是过去制作蒙古包过程当中的许多传统文化信息已经随着机器生产消失殆尽。举个最简单的例子：蒙古包的支架——哈那和乌尼在过去是从挑选木材到浸泡、晒干、打磨，经过很多复杂的程序，并经过长时间的加工才制作而成，《蒙古包祝赞词》详细描述了这个过程。经过手工制作的哈那和乌尼经久耐用，寿命长。而今天机器加工的哈那就省略了这些繁杂的程序，缩短了加工时间，虽然笔直美观，制作时间短，但是不耐用。更重要的是工业生产的蒙古包失去了传统文化的信息，只不过是人居住的一种工具。而我们不能忘记蒙古包不仅仅是蒙古族人居住的物理空间，更是文化空间。

今天多数地方的蒙古包建筑群，除了建筑样式和风格保留蒙古包的因素外，已经与传统的蒙古包没有多少联系了。虽然我们经常看见一群一群的蒙古包，但是这些蒙古包已经无法承载原有的文化内涵。很多地方的敖包已经不是石头堆积的，而是用水泥浇灌的，虽然外形宏伟，但是这种水泥敖包已经失去了寄托信仰的功能。祭拜敖包的人被剥夺了给敖包增添石头的自由。很多蒙古包的情况也与之相差无几。

今天，蒙古包面临着两种境遇：一是草原城市的规划和建设中怎样利用和发挥蒙古包的民族文化资源，已经成为新的实践性命题；二是，我们不得不认真思考在当今的全球化语境中怎样保护和传承作为蒙古族世代居住的文化空间的蒙古包及其文化。这两个命题实际上是一个问题的两个方面：一方面在现代城市社会中如何利用和发挥蒙古包的传统文化优势，打造草原城市的民族建筑品牌；另一方面，如何在全球化和现代化的潮流中保护和传承蒙古包的文化。同时，这个问题又涉及到蒙古包的形式和内涵两个层面。当下内蒙古地区在城市建设和旅游规划中对蒙古包文化资源的开发和利用，基本停留在对蒙古包形式的模仿和演绎，由此，新建的蒙古包只是成为一个没有内涵的空壳；而学者们对蒙古包的研究，也更多的是对蒙古包历史的探讨或者对蒙古包结构、功能等方面的解析，很少有学者把蒙古包放在蒙古族人日常生活的空间中进行研究，很少有学者从蒙古族文化系统性的角度对蒙古包进行全方位的考察。

蒙古包是游牧民族的流动建筑。随着四季游牧，蒙古包一年要拆搭搬迁多次，但是不管蒙古包搭建在什么地方，蒙古包内的空间布局是固定不变的：图拉噶（火撑子）是蒙古包的中心；翁衮在正北最尊贵的位置，或者佛龛在西北；男子在西侧，男人的用品也在西侧摆放；女人在东边，女子用的东西都在东边。晚上睡觉时头朝图拉噶或者佛龛。这些布局和方向几乎是永远不变的。这种空间分配实际上是存在于在蒙古包生活的人们的心里。因此，在草原上迁徙的蒙古包同时也是蒙古族人迁徙的民俗空间。

蒙古包的支架，哈那（网状木墙）和乌尼（木杆）

　　蒙古族人的世界以蒙古包为中心展开。在草原上，以蒙古包为中心，五种牲畜的牧场形成了从小到大的一个个同心圈。绵羊、山羊等被称作"短腿"或"细腿"的牲畜和牛群的草场离蒙古包最近，必须每天都要收回来；而马和骆驼等"粗腿"的牲畜则没有必要每天都找回来，其草场也比较远。因此，蒙古族人的牧场就按照绵羊（山羊）、牛、马、骆驼，依次形成了同心圈。

　　蒙古包不仅仅是木头和牲畜的毛制作而成的建筑，更重要的是承载了丰富多彩的文化内涵。有关蒙古包的民俗和禁忌都很好地说明了这种简单建筑的不简单内涵。蒙古包里有一个固定和稳固房子的坠绳叫作"恰格达"，下端拴一块石头或者一块盐，以防刮大风时蒙古包被吹翻。为什么这么做？蒙古族谚语说道，"风再大也吹不倒大山"，或者"风再大也吹不翻大海"，石头是山的象征，盐则是大海的象征。而且，蒙古族人卖牲畜时从牲畜鬃毛或尾巴上剪下的一小撮毛——"贺喜格"（蒙古语，福分的意思）一般都系在坠绳恰格达上，因为它是固定和稳固蒙古包的，福分系在恰格达上也就是稳定了主人的福分和财富。这种民俗及其涵义，只有深入到居住在蒙古包里的人们的日常生活中, 进行深度观察才能捕捉到。

蒙古包的文化内涵, 更多地隐藏于无形的语言艺术和民俗仪式中。如, 在英雄史诗中经常出现这样的情节: 英雄通过考验, 和可汗的女儿结婚以后自己先回家, 新娘则从后面慢慢赶过来。英雄吩咐妻子说: "你们在我画三角形的地方歇脚喝午茶, 在我画四方形的地方夜宿。" 如果对蒙古族文化没有深入了解, 很难理解这句话的意思。蒙古族的谜语中问道: "白天是三角形, 夜晚是四角形, 是什么? " 答案是蒙古包的天窗盖——"斡如和"。斡如和夜晚铺盖在天窗上, 呈四方形; 白天从一角掀开, 就呈了三角形。因此, 蒙古族人就用斡如和的形状代表白天和黑夜。这样, 我们就很好地理解了史诗英雄所说的话, 原来是三角形代表白天, 新娘的队伍可以在白天在画三角形的地方休息; 而四方形则代表夜晚, 新娘队伍可以在英雄选择好并画四角形的安全的地方夜宿。诸如此类的有关蒙古包文化内涵的民间文学和艺术数不胜数, 因为蒙古族人的语言艺术与蒙古包密不可分。

与此形成鲜明对比的是一些伪民俗在旅游地点的蒙古包群中开始流行起来。譬如, 外来的游客不理解蒙古包的门为什么那么矮, 以至进蒙古包必须低头哈腰。有导游解释说: "蒙古包里, 对着门都挂着成吉思汗的像, 因此进蒙古包的人必须低头哈腰对圣主成吉思汗表示尊敬, 所以蒙古包的门设计得就低矮。" 乍听好像很有道理, 但是这种解释是没有任何根据的。真正的原因是蒙古包的门和蒙古包高度的比例是1:1.5。这是千百年来游牧的蒙古族人在不断试验蒙古包所承受的风力压力的基础上改进到这个比例的。

草原上移动的最小火种：家庭

在草原游牧经济传统的移动性（拉铁摩尔语）中，家庭是最核心的，而且是有相当自主和自理能力的社会单位。可以说，游牧社会中的"游牧圈"或者"牧团"都是以家庭为同心圈一层一层扩展形成的。因此，游牧社会组织中家庭是认识游牧社会的重要分析单元。蒙古族游牧移动的最基本单位是家庭。家庭与家庭之间，为了生产和消费的互助，形成共同的游牧群体。大部分家庭是核心家庭，其中以两代核心家庭，即由一对夫妻及其子女组成的家庭居多。

蒙古族家庭中，当子女到了结婚年龄，娶妻或嫁人，都要从父

新巴尔虎右旗牧民一家，背景是不同时期的蒙古包和定居房

母的核心家庭中分离出去。按照蒙古族人的习俗，除了一个儿子留在父母身边守护炉灶（gal golomta）外，其他兄弟都要在经济上独立，从父母的核心家庭中分得属于自己的一份财产——一定数量的牲畜后，搭建自己的蒙古包，建立延伸家庭。游牧家庭中不断分离出延伸家庭的一个重要原因是：核心家庭的草场载畜量可能很快就不再适应子女不断增加的牲畜和父母的牲畜一起放牧的压力。这样，根据草场的承受能力，为了分散牲畜，新成立家庭的子女就必须要去寻找新的草场。在移动到新草场的过程中，又可能和其他的没有亲属关系的牧户结成游牧组合，从而形成新的游牧社会网络。

蒙古族游牧家庭中的男女是平等的，女子和男子一样有继承财产的权利。女儿嫁人的时候都会分到一份畜产。在英雄史诗中经常描述道，英雄到另一个部落通过男儿三项比赛取胜，与可汗的女儿成婚，可汗把五种牲畜中的仔畜分给女儿，而女儿把仔畜赶走的时候，因为母畜离不开仔畜就跟在仔畜后面，新娘的父母看到此番情景，也触景生情，于是带着全部落的人民跟着女儿搬迁到英雄的家乡来。婚姻是英雄史诗的一个核心主题，两个不同的氏族或部落经常通过婚姻来结成联盟，因此婚姻是完成联盟和增加财富的重要手段。从游牧文明的角度讲，因为女性有分得财产的权利，所以新成立家庭的男女就可以从各自父母的家庭获得一定的财产，英雄史诗正是映射了这一点。

同饮一条河水：艾勒和浩特

在内蒙古很多地方尤其是东部地区，今天说"艾勒"（ail），一般是指一个自然村落，但是在传统的游牧社会中，艾勒（古籍中经常写作阿寅勒）是最小的社会单位，多数情况下基本与家庭相当。而在草原上的家庭（牧户）联合更多地叫作乌苏（us，河流的意思）和浩特（hota）。而今天，一提起浩特，我们联想到的则是繁华的都市。

艾勒和浩特是蒙古族游牧社会中最基层和核心的游牧联合单位，具有重要的经济和社会生活意义。譬如，"尼格乌苏乃很"（沿着一条河居住的）指的是自愿结合成一个游牧组合的几个家庭、几座蒙古包，他们往往是沿着一条河放牧，同饮一条河水，或者共同使用一口井，因为在草原上水源是至关重要的。所以，蒙古族谚语说"ail usnii ami nige"（同饮一条河水的人们把命运连结在一起），这样集合起来的游牧组合在日常生产和生活中是互相协助和共同消

从草原流过，汇合成黑龙江的额尔古纳河和石勒喀河（今属俄罗斯）。额尔古纳河、石勒喀河分别为黑龙江的左、右上源，黑龙江流入鄂霍次克海，这是左右源交汇处

75

费的关系。

其中,一些需要多人合作的劳动必须通过一起游牧的牧户之间互相协调共同完成。如,给牲畜打印特别是给马群烙火印、给牲畜去势、擀毡子、剪羊毛、长途运输等都需要集体协作和团队劳作,需要一起游牧的各家庭集体完成。

同时,在茫茫的大草原上,因为分散居住,信息比较闭塞,所以一起游牧的牧户之间还要承担互相传递信息的任务。在传统游牧社会里,蒙古包的"门"是有不同称呼的,而且用法也不同。毡子做的门帘叫作"乌德"(üüd),进蒙古包要掀开这种"乌德";而木制的门叫"哈阿勒嘎"(haalga),哈阿勒嘎相当于我们一般概念中的门。不过,蒙古包的哈阿勒嘎很少挂锁,只要用皮绳等拴住就可以,哈阿勒嘎挡的是牲畜和狗,而不是人。过去,草原上的蒙古族人特别喜欢家里来客人,因为从外面来的客人可以带来很多信息。一个浩特或者一起游牧的几户人家,在共同生活的一段时间内很快就会产生较强的社会认同感,并形成亲密的人际交流圈。妇女们可以一起捡牛粪、加工奶制品和拉家常;男人们可以一起完成强度大的劳动,并交流放牧经验,讨论日常生产中遇到的问题;孩子们则一起玩耍,童乐无穷。

同时,浩特的组合还对加强各个家庭之间的合作和互补具有重要意义。如,经验丰富的长者在具体的合作游牧过程中手把手地把畜牧技术和经验无私地教给青年牧民;孤寡老人等也受到同一个浩特其他家庭的照顾,从而自然解决了游牧社会中的一些老龄化社会问题。

草原社区——浩特

游牧社会组织：为了草原，合久必分

学者们指出蒙古包联合是草原社会的基本社会形态。蒙古包联合的基础是畜群和草原。在研究游牧文明的学者们那里，草原游牧群体一般分三个层次，家庭或艾勒（古籍中经常写作阿寅勒）是最基本的和最核心的部分；第二个层面是几个家庭联合游牧的浩特，组成浩特的家庭成员之间的凝聚力很强，有高度的统一性；而由于游牧社会内部的一些因素，如草场和水源等资源的竞争和保护，再加上游牧社会面对的外部社会，如与毗邻的农业社会的各种关系，浩特、艾勒的游牧联合还需要再与其他的游牧集团结成联盟，构成更强大的游牧集团"古列延"（圈子或营，游牧或军事的组织形式）。但是这种结构并不是一旦形成就永恒不变，而是具有随机性和不稳定性，并且受制于草场公共资源的生态状况。

游牧社会的"家庭—阿寅勒—古列延"三层结构在成吉思汗时代以前就已经形成了。传统社会中，任何个人和游牧群体要想在游牧生活中得到好的草场和水源，面对其他游牧群体的竞争和战争威胁，就不得不与有共同核心利益的周围的游牧群体联盟，结成更大的部落集团来争夺水草资源和保护已有资源。在这种情况下，弱小的游牧群体往往依附于能够保护自己利益的强大的部落联盟，以便对付四面埋伏的威胁。据《蒙古秘史》记载，成吉思汗的父亲也速该·把阿秃儿被塔塔儿部落毒死之后，他的属下们就无情地抛弃铁木真母子而离去，实际上就反映了古代游牧集团联合的这种不稳定性和聚散分合特征。因为也速该已死，人们担心幼小的铁木真不能保护他们的利益，因此纷纷离开铁木真，去投靠更强大的首领。这也反映了包括古代蒙古部族在内的游牧社会结构的松散性

兴安盟开满鲜花的草原上的牧户人家

和聚散性。

　　但是，人口和牲畜高度集中的大规模的古列延很容易造成草场载畜量严重超载，使草原遭遇局部的严重破坏，是违反草原生态规律的。因此，我们在一些图像作品中见到的大型古列延实际上维持的时间都比较短，一旦战争结束，威胁消除，大型古列延就完成了它的使命，各个游牧集团就会分散开去，回到自己的牧场，过上普遍意义上独立自主的游牧生活。大型古列延就被小规模的游牧集团和组合所替代。这就是政治军事问题解决之后，游牧民族必须马上按照草场公共资源的享用原则把大型集团分解成小型集团，以便适应草原自然的状态。学者王明珂称之为"分枝性结构"——层层由小而大的社会结群，一种非经常性社会结构，因应外来敌对力量的大小而临时凝聚为或小或大的群体。

　　除了游牧社会内部的自我调节和冲突以外，游牧社会与外部社会的关系也是影响游牧社会制度的重要因素。其中既有政治军事因素，更有经济贸易因素；有冲突，更有协调。

　　传统游牧社会的社会组织和社会结构是动态的，是与草原生态的平衡发展相适应的。自从1949年以后，游牧经济因为国家和政治制度的变化而发生了改变，内蒙古大部分游牧地区实现了定居轮牧，20世纪80年代以后草场分给了个人，实施定居驻牧，取代了动态的游牧经济传统，传统游牧社会的动态社会组织也随之逐渐退出了已经被严重破坏的草原。

自古以来，蒙古族人非常讲究信用，游牧社会的诚信制度和习惯法为草原生活提供了保障。

诺贝尔经济学奖得主埃莉诺·奥斯特罗姆（Elinor Ostrom）提出的一个著名理论认为，像草场这样的公共资源的使用者可以通过合作和相互间的信任（trust）组织起来，制定共同的行为规范，惩罚违约者，解决利益纠纷，从而达到有效利用资源的目的。她认为公共资源管理中的很多细节不能完全依赖国家政府的统一控制和安排来解决，必须依靠相互合作和信任的个人们（individuals）。

埃莉诺·奥斯特罗姆做了一项研究：她分析了通过卫星拍摄到的中国内蒙古、俄罗斯和蒙古国的草原，发现蒙古国虽然欠发达，但是蒙古国的草原保持得最好，而俄罗斯和中国内蒙古的草原退化得很严重。对这个不同的结果，埃莉诺·奥斯特罗姆认为，这可能与草原的国家化和私有化有很大关系。中国内蒙古和俄罗斯都先把草原国家化了，我们改革开放以后又把草原私有化。草原的私有化和国家化，都对草原带来了不良影响。反而蒙古国一直维持传统的游牧方式，草原破坏不十分严重，而且是可持续发展的。我们在这里引用埃莉诺·奥斯特罗姆的论述，并不是反对国家管理，而是想指出：国家应该根据草原资源和游牧社会自身的特征，科学地制定游牧民族自己管理草场公共资源的制度，而不是盲目地推行农业文明的模式。

达茂草原

日本著名学者江上波夫认为，在蒙古高原北部的游牧地区，还不存在土地所有制观念，无论是谁都可以在本旗范围内的任何地方自由、平等地游牧，任意迁移。在这里，人们共同使用土地，可说是"土地共有"，蒙古族游牧民完全没有土地所有观念，或者说土地所有观念非常淡薄。土地私有观念比较早地出现于对宅基地的占有权方面，而由于游牧民季节性地移动，所以连对宅基地的占有观念都没有，更难出现对土地的所有观念了。而与此相对应的是牲畜是游牧民族的私有财产。怎样更好地共同利用草场资源，则需要游牧民族对共有草场进行有效管理和合理利用，使其发挥最大的作用。其中，最主要的就是协作和建立广泛而普遍的信任制度。这里，游牧社会的诚信制度和习惯法就发挥了重要作用。

自古以来，蒙古族人非常讲究信用，认为守信用是一个人立身的可贵资本。在古代蒙古族社会，大家比较熟悉的"安答"和"那可儿"的概念实际上都和诚信有关系。只要结成安答和那可儿，就要诚守诺言到底，为共同的利益同甘共苦。在历史学家那里，安答和那可儿讨论的是与封建制度的依附关系，但是从游牧文明的角度来讲，安答和那可儿以及后来的结成诚信的伙伴关系，对共同利用和管理草场公共资源发挥了重要作用，可以说这就是游牧社会的诚信制度，而且传承至今。

被称为"约孙"的蒙古族人的习惯法和成文法中始终把保护草场放在首位。其中，保护草场和保护水源同样重要。在保护草场的法规中，对草原纵火的惩罚是最严厉的，北元时期的《阿勒坦汗法典》和后来的《卫拉特法典》都规定了对纵火者进行刑罚和财产处罚（罚交牲畜）的详细规定。而对水资源的保护则在习惯法中有很多规定，而且还和民间信仰联系起来。譬如，禁止向水中溺尿；禁止徒手汲水，汲水必须使用器皿；不能在河流里洗澡和洗衣服；不能在井边洗衣服倒脏水，等等。在蒙古族地区，每逢祭祀敖包，人们还聚集在一起，集中解决一些有关草场的纠纷和其他的纷争，通过习惯法和成文法的规定，进行裁决和惩罚。蒙古族人从小开始，就被这些习惯法和各种繁多的禁忌所规范和约束，这些"约孙"和禁忌就成了一个蒙古族人生活在传统游牧社会里必须遵守的行为规则。这些"约孙"和禁忌自然就是蒙古族游牧社会中个人潜意识里自觉遵守并用来保护草场公共资源的行为准则。保护好草场公共资源，关系到游牧社会里每一个个体生命的切身利益，而其中，习惯法或者"约孙"和禁忌在个人作为社会集团的一个成员，保护草场公共资源方面，发挥了长期的虽然看不见但是强有力的约束和协调作用。

蒙古族人的狂欢节
——草原盛会那达慕

八月的草原迎来了畜牧业生产的丰收，蒙古族人民举办起盛大的那达慕，庆祝一年的丰收，沉浸在欢乐的海洋中。

现在的祭敖包仪式成为了蒙古族人的综合聚会——那达慕，人们进行物品交易，做各种游戏

每当人们提起蒙古族，就自然会想起辽阔无垠的大草原；而一半是鲜花、一半是绿草的八月草原，又让人联想到草原盛会那达慕。那达慕，蒙古语的意思就是"玩"，这"玩"一词却凝聚了蒙古族风土人情和历史文化无比丰富的内涵。

那达慕盛会具有悠久的历史传统，有文献记载的就有近千年的历史。1206年成吉思汗统一蒙古各部落建立蒙古汗国，被推举为大汗时就举行了盛大的那达慕。那达慕形式的起源无疑与蒙古族先民的生产和生活密切相关。古代蒙古人生活中的两件大事，祭祀神灵和庆贺丰收，可能就是那达慕民俗起源的两个原因，那达慕正是由娱神民俗发展到娱人民俗的。古代蒙古人信仰原始萨满教，每遇干旱之年就举行祭敖包、祭神树这些向苍天求雨、祈祷风调雨顺的仪式。当举行完宗教祭祀之后，人们就欢聚在一起举行那达慕，期望通过娱乐神灵的那达慕得到神的佑护和恩赐。现在仍有一些蒙古族地区在举行敖包祭祀之后召开小型那达慕，这就证实了古代那达慕的娱神功能。而随着生产力的提高，人们适应大自然的能力逐渐加强，于是比娱神更珍重丰收的喜悦。八月的草原迎来了畜牧业生产的丰收，蒙古族先民就举办盛大那达慕来庆祝一年的丰收。而此时的蒙古族人民完全沉浸在欢乐的海洋中，可以说那达慕就是蒙古族人的"狂欢节"。

那达慕在漫长的传承和发展中，其内容和形式随着社会的变迁有了很大的变化。早期的那达慕主要是为了祭祀娱神和庆贺丰收而举行的。到了清代，蒙古族生活的地区实行盟旗制度之后，那达慕内容中增加了一些政治色彩，除了那达慕期间举行娱乐比赛之外，各盟旗官员和藏传佛教领袖相聚在一处，商讨政教大事，处理各种民事纠纷。大约从那时起，那达慕逐渐成为民间进行各种贸易活动的盛大集会；1949年以后，在党的民族政策关怀下，那达慕得到了新生机，已经变成蒙古族庆祝自己节日的民族盛会。

那达慕盛会最让人向往的就是男儿三技比赛，即搏克（摔跤）、射箭和赛马。大型那达慕大会一般都有1024名或512名搏克手（摔跤手）参加。对剽悍的蒙古族男子来说，那达慕是他们显示自己力量和技艺的最好舞台。那达慕比赛中最后取胜的摔跤手获得"纳钦"（雄鹰）、"扎恩"（大象）、"阿尔斯朗"（雄狮）等称号，并以此为一生的荣誉。在优美的搏克赞词朗诵声中，戴五彩"江嘎"（彩带）的搏克手们分成两队进入赛场跳起搏克舞，似雄鹰展翅飞翔，又似雄狮奔腾飞跃，十分壮观。摔跤比赛充分体现了蒙古族人崇尚雄鹰猛狮的力量的审美观念，起源于古代狩猎时期的弓箭是蒙古族人

上：第四届在京蒙古族那达慕邀请锡林郭勒盟
专业搏克手参加
下：决胜的瞬间总是很有看点

最重要的武器之一，蒙古族人称神箭手为"莫日根"，而那达慕上的射箭比赛则是人们在和平与欢乐中的又一次较量。

那达慕大会上另一个扣人心弦的比赛场面就是赛马。赛马分快马和走马两种。蒙古族牧民为了参加那达慕赛马，很早就开始精心调养自己的马，做好准备。一般都是10岁以下儿童骑马参加比赛。和摔跤比赛一样，人们要赞美跑得最快的骏马，也以友爱和幽默的诗句讽刺落在最后的马。马是蒙古族生活中最亲密的伙伴，因此疾驰如飞的骏马在那达慕赛场上为主人带来无比的喜悦。摔跤比赛体现了蒙古族人崇尚力量的审美观，而赛马则是他们崇尚速度的体现，力量和速度构成了蒙古族审美观念最重要的部分。

过去的那达慕主要是男儿三技比赛，而女子则很少有机会参加赛事，如今局面已经得到改变，勤劳勇敢的蒙古族女子也和男子一样平等地参加各种比赛了。

以往，蒙古族牧民全家人装上生活用品赶着勒勒车参加那达慕的情况已经有了变化。如今，富裕起来的牧民们全家坐着自家的汽车去赶那达慕盛会了。他们在那达慕上分享着丰收的喜悦，在观看激动人心的比赛的同时，还在交易会上购买自己喜爱的各种商品。今天的那达慕已经成为蒙古族人民心目中最隆重热闹的节日盛会了。

锡林郭勒草原夏季那达慕上的赛马

修辞化的草原，艺术化的生活

穿着宽大的蒙古袍、赶着牛车和牲畜，不忙不慌地走在草原上的蒙古族人，实际上他们的心里都装着一个艺术的世界——一个美的世界。

草原上游牧民族的生活世界，由物质的和心灵的两个部分构成：赶着牛羊逐水草游牧的大草原——生活舞台是客观的有限的物质世界，比这物质世界更宽广和无限的是心灵的世界，也就是我们天天强调的精神世界，精神世界的两个支柱则是信仰和艺术。

今天，科学和技术的发达简直达到了令人窒息的地步，然而人类的精神家园却越来越贫困不堪，物质生活和精神生活的严重失衡已经引起中外美学家的高度重视和深度忧虑。北京大学教授叶朗先生提出"从物质的、技术的、功利的统治下拯救精神"的呼吁，正是重申了这个重要的美学命题。

而我们观察游牧的蒙古族人的生活世界，却发现，蒙古族人极其有限的物质生活却承载着格外丰富的艺术世界。可以说，蒙古族人逐水草迁徙，几辆勒勒车、几峰骆驼或者一辆小汽车就可以把全部家当从一个营地搬迁到另一个营地，但是我们可不要以为牲畜背上驮的是很可怜的蒙古包和简陋的家当，实际上驮的是一个了不起的艺术世界。蒙古族人是驮着蒙古包游牧的民族，也是驮着艺术世界游牧的民族。穿着宽大的蒙古袍，赶着牛车和牲畜，不忙不慌地走在草原上的蒙古族人，实际上他们的心里都装着一个艺术的世界——一个美的世界。

在游牧的蒙古族人那里，艺术和生活是融为一体的。艺术虽然高于生活，但是艺术并没有游离于生活之外。蒙古族人在他们的生活中欣赏和享用着祖祖辈辈传承和积累下来的艺术资源，艺术是他们实实在在的生活和朴朴实实的思想感情不可分

祖传的搏克服，美就在生活里

割的组成部分；在游牧的蒙古族人那里，所有艺术门类都是互相打通的，静态的视觉艺术如绘画、雕塑，动态的听觉艺术如音乐、舞蹈乃至口传文学之间皆有内在联系，共同构成了草原民族绚丽多彩的艺术世界。

　　一般研究蒙古族文学艺术的学者在谈到萨满教的时候都会提到萨满教集萨满神歌、萨满舞蹈和萨满音乐于一身的特征，并将其当作蒙古族歌舞诗三位一体的典型案例来进行讨论。实际上，蒙古族生活中歌舞诗——文学、舞蹈、音乐三位一体的情况比比皆是，而且还应该加上美术，这样我们就获得了关于游牧的蒙古族人视觉和听觉艺术的比较全面的印象。

　　游牧的蒙古族人美术创作中的视觉艺术语言与音乐、舞蹈语言一样，都表达了共同的对美好生活的憧憬，体现了蒙古族的传统审美情趣和文化心理，并与蒙古族的文学一起构成了生活中无法分解的艺术世界。在蒙古族的祝赞词和英雄史诗中我们见到了华丽的宫殿、智勇的英雄、美丽的公主、牛羊漫山遍野的美丽画卷；在马头琴和长调中我们见到了辽阔的草原、澄澈的蓝天和展翅飞翔的雄鹰；在无处不在的民间图案中我们"听"到了蒙古族人对生活的无限热爱和追求美好理想的心灵对话；在蒙古族舞蹈中我们感受到草原的胸怀和生命的不息。草原是游牧的蒙古族人艺术灵感取之不尽的源泉，而游牧的蒙古族人的艺术只有在草原上才能保持其旺盛的生命力。

顶碗独舞

为简约的生活赋予无限的艺术

蒙古族人使用的每一个用品都不是普通的用具，而是艺术品，都负载着丰富的象征意义。

其实，蒙古族人的物质生活是非常简约的，但是他们却给简单的物质世界赋予了丰富的美学内涵。

譬如，蒙古包的材料只有木头和五种牲畜的毛两种材质来源。但是从蒙古包的门帘到地上铺的地毯，蒙古族人都会精心绘制各种云纹和团花，是一幅幅朴素大方的装饰画；蒙古包的天窗和哈那（支架）等也会彩绘各种精美图案。于是蒙古包就成了游牧民族独特的艺术建筑——蒙古族人居住在艺术空间里。

再如，蒙古族人的服饰，除了节日盛装用高贵的丝绸外，更多的是用皮毛、皮革和普通粗布缝制。与江南水乡的刺绣不同，蒙古族的刺绣多是在皮革和毡子等硬的和粗的材料上进行的。在柔软的丝绸上用丝线刺绣和戴着顶针在粗糙的绒毡上用毛线刺绣是不一样的。蒙古族刺绣被誉为纹路粗犷、线条明快、色彩对比强烈，具有北方游牧民族风格，实际上也是由这种客观条件所决定的。材料简单，但是象征艺术与图案手法的巧妙结合使蒙古族服饰获得了超越物质本身的美学价值。五种牲畜的皮毛制作而成的服装，蒙古族人用各种民间工艺赋予其美学意蕴，赋予了其意义深刻的吉祥符号。这种服装因为精心制作，已经不是简单的裹在身上的动物皮毛，而是成了文化含义丰富的民族服饰。而对蒙古族妇女来讲，熟练掌握传统图案刺绣技艺，也成为衡量草原女子是否心灵手巧的一个重要标准。游牧民族的传统艺术是属于全民族的，每个人从小就要熟悉和掌握这些传统艺术的要领。笔者在小时候不知给母亲和其他的阿姨们画过多少次蒙古靴子的盘肠图案，至今记忆犹新。

红珊瑚和绿松石组成的鄂尔多斯妇女头饰

再如，蒙古族人常说好马配好鞍，指的就是精心制作的马鞍给骏马增添无限光彩。一个草原男人骑着配备精美马鞍的骏马，佩戴着银匠精心雕琢制作的蒙古刀，腰上别着妻子或心上人巧手绣制的褡裢，那是何等的威风和骄傲！而且，蒙古族对马鞍的讲究简直到了细致入微甚至有点苛刻的程度。马鞍是综合性的艺术品：鞍鞒讲究要用珍贵木材精心雕琢，是蒙古族民间雕塑的集中展示；而鞍韂是蒙古族皮革工艺的缩影，是蒙古族图案艺术的范本。这样精心制作的雕花马鞍使蒙古族人心爱的骏马更加威风，更加俊美。

迁徙游牧的生活方式决定了蒙古族的家庭用具等都以轻便耐用为主，很少像农业文明和工业文明等定居文明那样积攒大量的物质财富。然而，蒙古族人有限的物品都被赋予了无限的艺术生命，几乎每个用具都是一件艺术作品。这些用具不是仅仅为了鉴赏才创作的，其艺术的特征是随着实用性而被赋予的。

譬如，洒祭仪式中用的九眼勺：九眼勺一般长50—70厘米，勺头刻有九个眼孔，眼孔里镶有珊瑚、珍珠、金、银、钢、铜、绿松石、海螺等九种珍宝，勺把上系彩布条和哈达。显然，洒祭仪式中向天地十方神灵都要洒祭九或九的倍数的供祭是严格遵循九眼勺的象征意义完成的。

蒙古族人的几乎所有用具都有独特的"有图必有意，有意必吉祥"的符号象征和图案内涵。可以说，蒙古族人使用的每一个用品都不是普通的用具，而是艺术品，都负载着丰富的象征意义，都是经过才华横溢的民间艺人的巧手创造出来的。蒙古包里的器具都会绘制传统图案，可以说草原上的花草鸟兽和蒙古族人向往的美好生活中的美景都被绘制在日常器具上，这些器具承载了蒙古族人对美的追求和对美好生活的向往以及对大自然的无限热爱。在蒙古族人那里，无限的艺术使有限的物质生活变得无比丰富。

服饰、日常用具、蒙古包装饰、寺庙装饰等无处不体现着游牧的蒙古族人的美学观念。其中，"贺乌嘎拉扎"（吉祥图案）从纹样和色彩两个方面强烈地体现了蒙古族人的审美情趣和民族文化心理。"贺乌嘎拉扎"是游牧的蒙古族人从大自然中高度抽象出来的艺术纹样。既有草原上的花草，又有草原上的鸟禽；既有青山绿水，又有火焰和云彩；既有本土的图案，又有通过佛教传入蒙古族生活的地区的雪山雄狮、恒河大象、大鹏金翅鸟等神话动物和吉祥八宝。而且，这些图案往往与"贺乌嘎拉扎"交错在一起，构成绚丽多彩的复合型图案，写实和抽象符号层层重叠，层出不穷。如盘肠结无限延伸加卷草的云头纹，植物复叶加火焰纹，鱼纹加花叶纹，双鱼纹加盘肠结，等等。

蒙古族传统美术中对色彩的感觉也体现了传统的民族心理。一般而言，蒙古族传统图案中色彩对比强烈但不失协调。蒙古族人不喜欢中间色，这主要与蒙古族人的传统心理有关系。草原上蒙古族人有限的生活因为无限的艺术而格外宽广。

蒙古包门上的吉祥图案

每一位歌手都是歌的海洋

艺术的真正魅力，不在于她的外部包装，而在于她的内涵。游牧的蒙古族人的艺术就是这样。逐水草游牧的蒙古族人，因为生活环境所限，几乎没有搭建大型舞台捧出演艺明星的传统，但是蒙古族的马头琴、长调民歌和舞蹈艺术世世代代传承了下来，并走向了世界，而且中华人民共和国成立后还出现了色拉西、琶杰、毛依罕、哈扎布、宝音德力格尔等艺术大师。蒙古族的艺术基本上是在原生态的草原上一代一代传承下来的。草原就是游牧的蒙古族人的大舞台，那里没有过度的人为装饰，有的只是鲜花和绿草；没有评委和曝光，有的只是用心感受的牧民。蒙古族艺术在大草原的怀抱里演绎着游牧民族独特的美学理念和对美好生活的无限追求。

蒙古族被誉为"能歌善舞的民族"，草原被誉为"歌的海洋"。在当今很多旅游点，大家可能都有一种印象深刻的体会：一到旅游点，手捧哈达、端着银碗的姑娘迎面跑过来，先把哈达套在客人的脖子上，再把斟满酒的银碗递过去，唱起歌来就不停，直到客人把酒喝完，脸红脖子粗为止。在不了解游牧文明和蒙古族民俗的他者来讲，以为这就是蒙古族的热情，长调的魅力，还没有来得及感受就先喝醉了，这是对蒙古族传统艺术的庸俗化和对蒙古族民俗文化的扭曲。实际上，蒙古族音乐包括传统歌曲是有讲究的，我们今天在舞台上见到的所谓的"蒙古族音乐"很多根本没有资格代表蒙古族传统音乐，因为他们只取形式，丢掉了真正的音乐灵魂。

草原被誉为"歌的海洋"，指的不是所有的人唱歌唱成海

上：1981年长调歌王哈扎布在首届北京那
达慕上为群众演唱
下：呼麦与长调同时入选世界非遗名录。这
是文丽演唱的女声呼麦

洋，草原上也没有条件举办歌圩，而是蒙古族民歌的蕴藏量异常丰富。每个歌手都能够演唱很多传统民歌，因此每个民间歌手都是"歌的海洋"。在蒙古族生活的地区，在宴会上唱歌是有讲究的，在宴会开始的时候必须演唱一些约定俗成的国泰民安、赞美故乡、赞美佛教三宝等内容的严肃歌曲；在长辈面前绝对禁止演唱爱情歌曲。但是，今天很多场合，年轻人给长辈敬酒，开口就唱《敖包相会》，让人哭笑不得。过去，歌手在酒桌上献歌，是针对每位客人的社会身份、年龄和特征，决定要唱什么样的内容。如给喇嘛活佛献歌，必须唱佛教三宝的宗教歌曲；对有社会身份的人，必须唱国家安泰、民生幸福的歌曲；对老人和长辈，必须唱报答父母恩德的歌曲；对同辈人也要唱赞美友谊、热爱家乡的歌曲，而不能随便在大家面前唱赤裸裸的爱情歌曲。因此，可以说蒙古族的歌手是真正的民歌传承人，他们的"歌的海洋"永不枯竭。当今世界，不少歌星只靠一两首歌打天下，靠的不是真正的艺术，而是包装和推销。与此相比，蒙古族民间歌手才是取之不尽的歌的海洋，是真正的艺术家。他们靠的是祖祖辈辈流传下来的民歌，草原上的歌是享用不尽的。

有人曾经对我说过："我喜欢布仁巴雅尔的歌，他的歌好像不是给别人唱的，而是给自己唱的。"我认为这句话确实说到了蒙古族音乐的点子上。马头琴和长调，悠扬而有点苍凉，那是辽阔的草原所决定的。在辽阔无际的大草原上，人口稀疏，人与人之间频繁交流的机会非常少，游牧民族面对的更多的是骏马、牛羊和无边无际的大草原、蓝天白云，因此蒙古族的歌曲，除了人与人的对话，更多的则是人与大草原、人与天地的对话，这种对话是超越语言的心灵的对话。也正因为如此，蒙古族歌曲特别是长调，更多的是唱给自己，唱给草原，所以才辽阔，虽有点苍凉，但不消沉。

马头琴与长着翅膀的黑骏马

提起蒙古族的传统乐器,大家马上就会想到马头琴。马头琴因其卷颈上雕刻着马头的独一无二的艺术造型和富有草原风格的独特音色早已被世人所熟悉。《苏和的白马》是大家比较熟悉的解释马头琴起源的民间传说,主要流传在内蒙古锡林郭勒盟的察哈尔和过去哲里木盟(今通辽市)的科尔沁等地区。这个传说中讲道:贫穷的小伙子苏和在放牧归来的路上救了一匹小白马,将其精心养大。后来,苏和的白马参加那达慕赛马,得了第一名。贪心的王爷用暴力把苏和的白马抢到手。当王爷骑着白马在大众面前炫耀招摇时,白马把王爷从背上摔下来,让王爷出了丑。于是恼羞成怒的王爷派人用乱箭去射逃走的白马,白马跑到苏和的身边死去了。万分悲痛的苏和有一天夜里梦见了自己心爱的白马,白马对他说:"你用我的尾毛做一把琴吧!"于是,苏和就做了一把琴,用白马的两缕尾毛做两根弦,在琴头上雕刻了马头,就做成了马头琴。

《苏和的白马》是一个优美动人的传说。但是,我们不能不提到,这传说是被搜集记录的那个时代(20世纪60年代)的国家主体意识的产物。《苏和的白马》的核心主题是阶级意识,而不管这种阶级意识是传说本身所固有的还是搜集整理者的有意加工,当时的传播媒介所看中的正是传说中的阶级斗争主题。而且,《苏和的白马》在解释马头琴起源的传说中一直是被国家文化和意识形态认可的中心类型。《苏和的白马》通过各种媒介被全国读者所熟悉,并被日本等国家大量翻译和宣传,从而成为大家最熟悉的马头琴传说。

但是,实际上,在蒙古国流传着更加动人的马头琴传说,并且

95

马头琴大师齐·宝力高和他的野马马头琴乐队

与爱情有关。从前，喀尔喀蒙古（今蒙古国）的东部地区有一个叫呼和·那木吉拉的小伙子，那木吉拉是他的本名，因为他唱的歌特别好听，所以人们都叫他呼和·那木吉拉。"呼和"是布谷鸟的意思，蒙古族人认为布谷鸟的歌声最动听，因此善于唱歌的人就是有布谷鸟一样嗓音的人。有一年呼和·那木吉拉服兵役，去了遥远的西部边疆。不过，因为呼和·那木吉拉的歌好听，所以军队的首长就没有让他参加战争或服劳役，这三年当中就叫他给大家唱歌了。呼和·那木吉拉在服兵役期间，与那里的美丽公主相爱了。服完兵役，启程回家乡的时候，离别之际公主送给呼和·那木吉拉一匹神奇的黑骏马。呼和·那木吉拉回到家以后就骑那匹黑骏马，从来不骑其他的马，人们就很奇怪。而呼和·那木吉拉是每天夜里骑着黑骏马，飞到西部边疆，与心爱的公主约会，早晨天亮以前又飞回自己在蒙古东部地区的家乡。这样过了三年，谁都没有发现其中的秘密。有一次呼和·那木吉拉从西部边疆公主那里回来的路上又赶自己的马群回来，把黑骏马拴在马桩上，就回蒙古包睡了。离呼和·那木吉拉家不远处住着一个坏女人，她在夜里听见万马奔腾的声音，就知道呼和·那木吉拉回来了，于是出去一看，就看见了呼和·那木吉拉的黑骏马还没有收起两个翅膀。于是,这个嫉妒的坏女人就回屋取出剪刀,跑到拴马桩边,把黑骏马的两个翅膀剪掉了。黑骏马因为剪掉了翅膀不一会儿就死了。呼和·那木吉拉早晨起来出去一看,见到自己的黑骏马死了,万分悲痛,为了纪念自己的亲爱的骏马,就用木头雕刻了马头,按在琴杆上,用黑骏马的皮蒙琴箱,用黑骏马的尾巴做琴弦,制作了马头琴,演奏出了模仿骏马各种走步的悠扬的曲子。

　　蒙古国流传的马头琴的传说还有其他的不同变体,不过都与长着翅膀的骏马和爱情有关系。其中第一个变体讲:那木吉拉去西方的阿尔泰地区服兵役,和阿尔泰的女神相爱了。后来,那木吉拉兵役期满将回故乡,阿尔泰女神送给了他一匹长着翅膀的神马。那木吉拉回家的路上到一户人家做客。这家主人是一个寡妇,她迷恋上了那木吉拉,并在一天夜里偷偷地剪掉了神马的两个翅膀。有一天阿尔泰女神来会那木吉拉,对他说:"我带走你也没有用处,你完全被玷污了。"于是,女神给那木吉拉一袋金银宝石就离开了他。

　　第二个变体讲:那木吉拉到西方服兵股期间,有一天在湖边饮马,遇见了湖里出来的穿绿色蒙古袍的美女,她就是龙女。龙女把那木吉拉带回家,两人相爱了。离别时龙女送给那木吉拉一匹神马并警告他不能骑别的马。那木吉拉服役期满,回到故乡以后,人们看到那木吉拉老是骑着一匹马,感到奇怪。那木吉拉每天夜里骑着神马飞到龙女家里过夜,黎明前赶回自己的家。这样过了三年,后来那木吉拉的妻子发现秘密后剪掉了神马的两个翅膀。于是,神马就悲惨地死了。那木吉拉制作了一把马头琴纪念了他的神马。

　　如果我们分析这些传说的结构,围绕爱情讲故事的马头琴传说表达了一个主题:主人公到另一个与自己所在的世界不同的世界,与那里的公主或者女神相爱,而长翅膀的骏马的意外死亡,终止了这种神奇的爱情。其中实现旅行的神马——魔法坐骑的得到和失去成为马头琴传说的关键情节。在呼和·那木吉拉的传说中,公主的家乡西方边疆与主人公的故乡蒙古东部地区形成水平线上的方向对立。而更多的是垂直方向的对立——人间和神界的对立。在第一个传说变体中,那木吉拉骑着神马去旅行的目的地是与自己东方故乡对立的西方的阿尔泰女神那里。而且,人物关系也形成神和人(呼和·那木吉拉和阿尔泰女神)的对立,而沟通那木吉拉和阿尔泰女神的中介,即沟通神和人的中介是长着翅膀的神马。在第二个传说变体中,同样也是龙女属于和人间形成对立的地下世界——神的世界,那木吉拉骑上神马才能旅行到地下世界去和龙女约会。

在赛场外与巨大的马头琴合影

　　在游牧民族中，能够自由旅行于人间和他界之间的只有萨满。而呼和·那木吉拉能够骑着长着翅膀的神奇的骏马到遥远的地方或者另一个世界去旅行，并且和那里的公主或者女神恋爱，说明呼和·那木吉拉本身具有萨满的特征，他的坐骑无疑就是沟通人间和神界的萨满的坐骑，而由萨满的神马演变而来的马头琴自然带有萨满法器的特性和功能，或者可以说，马头琴象征着萨满的坐骑。在这一点上，法国藏学家石泰安提出的"马头琴就是萨满的马"的观点是有道理的。

　　我们认为爱情主题的马头琴传说表达的是萨满在神人之间的旅行和萨满法器的主题。这个传说比我们过去熟悉的《苏和的白马》更为古老。

马头琴曲

【蒙古】L.罗布桑道尔吉著，陈岗龙译

太阳从天窗照进蒙古包，
光柱正好落在了哈那头。
有人伸手握住了光柱，
这手有成年公驼的蹄掌大。

父亲的马头琴正襟危坐，
被阿日嘎勒烟熏得有些年头。
捧起马头琴胜过接一道圣旨，
诚恐诚惶不碰衬毡一根毫毛。

驯马的老手五指粗壮笨拙有余，
只见过这手和烈马耳朵打过交道，
难以置信一碰琴弦就蝴蝶般飞舞，
柔软得不能再柔软完全没有了骨节。

辽阔的草原上路途遥远，
唯有长调伴着男儿征服寂寞。
一曲《棕褐色的雄鹰》，
展开翅膀从琴弦上庄重起飞。

缓缓上升的太阳心里急了？
一跃挂到了天窗上来倾听；
被晨露压弯的小草抬起头，

挺直了腰身随着琴声摇曳。

羽翼未满的雏鸟瞬间长大，
丢开巢穴飞上自由的蓝天；
心肠太软的人最是听不得，
他一落泪世界就跟着伤感。

杭爱的群山从天边潮涌而至，
挤进门来只为倾听天籁之音。
遥远的天空在蒙古包外降临，
孩子一样从哈那眼向内窥探。

远走他乡的骏马奔向故土，
回到草原画上归途的句号，
琴弓尚未划完悠扬的音符，

夜色琴声

却轻敲一击琴弦戛然而止。

酸马奶在木碗里溅出隐隐的音波，
屏住呼吸静静等待的人也会吃惊。
手挎奶桶的女人一声轻轻的叹息，
叫醒了世界回到了现实。

挤在门口沉醉琴声的群山，
背起手一翘一翘往回走去。
脸贴哈那入迷忘我的蓝天，
一百个不情愿起身渐渐远去。

鸟儿这才飞上蓝天鸣叫，
接续马头琴声婉转歌唱。
舍不得主人琴声停下来，
草原上的骏马长长嘶鸣。

太阳忘了在蒙古包里移动，
恍然清醒从哈那头上泻下。
一双大手托住了倾斜的光柱，
这双手有成年公驼的蹄掌大。

阿日嘎勒烟火熏陶的马头琴，
是父亲留下的古老的传家宝，
像请圣旨恭敬有加送回原位，
诚恐诚惶不碰衬毡一根毫毛。

中央人民广播电台蒙古语
广播布仁乌力吉用蒙古语
朗诵的《马头琴曲》音频，
扫码可欣赏

诗性民族的文学胸怀

蒙古族人民喜爱赞颂一切美好的事物。这激起了他们生活的勇气，唤起了他们对美好生活的向往和对故乡的热爱。

蒙古族被誉为诗的民族。蒙古族人喜欢用诗的语言表达自己的感情和思想。在蒙古族人的语言艺术中，诗歌无处不在。从简短的吉利话到几百行的祝赞词，再到上千行甚至几万行的英雄史诗，无不是优美的诗句，甚至老人给孩子讲的民间故事中也时不时地缀入几行优美的诗句。诗歌就像蒙古族人语言艺术的"贺乌嘎拉扎"（吉祥图案）。这也是游牧民族诗性智慧和形象思维的文学体现。

蒙古族人的衣食住行无不与祝赞词有关系。蒙古族人民喜爱赞颂一切美好的事物。在蒙古族人的祝赞词中，蒙古包变成了珠光宝气的美丽宫殿，蒙古族人民长期以来艰难生存和艰苦奋斗的大自然变成了幸福的乐园，羊群就像撒在草原上的珍珠，从而激起了他们生活的勇气，唤起了他们对美好生活的向往和对故乡的无比热爱。可以说，祝赞词描述的理想世界牵动着蒙古族人民的心，使他们在实际生活中树起了信心，备感欣慰。祝赞词体现了蒙古族人的价值取向和审美情趣。在这一点上可以说，蒙古族英雄史诗也具有赞词的一切属性，并且蒙古族史诗中保存了许多古代赞词的精彩片断，如对史诗英雄的宫殿、骏马、英雄未婚妻及夫人以及故乡的描述本身都是一篇篇美丽的赞词。

蒙古族的诗性思维始终贯穿在伟大的《蒙古秘史》中。国内外曾经出现了许多部以《蒙古秘史》为蓝本创作的文学作品，但是迄今为止还没有哪一部作品超过《蒙古秘史》本身。主要原因就是《蒙古秘史》的内容和形式可以模仿，但是其内在的精神和灵魂是无法模仿和复制的，那就是游牧文明的内在特质。

蒙古国诗人达·那楚克道尔吉的诗作《我的故乡》刻在他家乡草原的石碑上

    有学者曾经比喻蒙古族生活的草原是"煮民间故事的大锅"。过去有人将这句话理解成蒙古族没有自己的原创性故事文学，蒙古族生活的地区只是世界各地民间故事流传交流的一个汇集地。但是，如果我们细想就会发现，游牧的蒙古族是一个善于讲故事和善于传播故事的民族，而且因为13世纪蒙古人在世界历史上的特殊地位，确实为东西方文学的交流做出了突出贡献，其中就不乏东西方民间故事的交流。今天，蒙古族生活的地区流传的民间故事中几乎涵盖了世界上民间故事的所有类型，世界上广泛流传的民间故事几乎没有不在蒙古族人中流传的。在漫长而寒冷的冬天夜晚，一家人围坐在图拉噶（火撑子）周围，老人或者演唱英雄史诗，或者讲述民间故事：小男孩骑着八条腿的宝马回到蒙古包废墟上寻找心爱的玩具——金羊拐子银羊拐子，凭着魔法宝物的神力和自己的智慧逃脱老妖婆的魔掌，并战胜妖婆，一觉醒来，发现自己住在美丽的宫殿里。恩格斯在《德国的民间故事》一文中说过："民间故事书的使命是在一个农人晚间从辛苦的劳动中疲乏地回来的时候，使他得到安慰，感到快乐，使他恢复精神，忘掉繁重的劳动，使他的石砾的田地变成馥郁的花园。民间故事书的使命是使一个手工业者的作坊和一个疲惫的学徒的可怜的屋顶变成诗的世界和黄金的宫殿，而把他的健壮的情人形容成美丽的公主。但是民间故事书还有这样的使命：同圣经一样地阐明他的精神品质，使他认清自己的力量、自己的权力、自己的自由，激起他的勇气，唤起他对祖国的热爱。"

游牧民族的文学是开放的。如果把蒙古族文学比喻成一条河流，那么，除了古代北方游牧民族的古老文学传统之外，印度文学像恒河之流，藏族文学像雪山瀑布，汉族文学如长江黄河，在北方草原上汇集成蒙古族文学这条源远流长的文学大河。古代印度的诗学名著《诗镜论》流传到蒙古族生活的地区以后，蒙古族高僧不仅对其进行了深刻阐释，而且对诗学理论的进一步挖掘和发挥受到了西藏佛教界的高度赞赏；清代蒙古族文人哈斯宝对《红楼梦》的评点，因为基于游牧文明的文化根基，所以在旧红学中成为评点派的奇葩；而古代印度和我国西藏的古典文学被翻译成蒙古文成为蒙古族文学的重要组成部分；包括四大名著在内的古代汉语文学被翻译成蒙古文在蒙古族中家喻户晓。

蒙古族文学的一个特征就是综合吸收了周围兄弟民族文学的精华，又有东方文学的精神脉络贯穿其中，尤以文学的象征性最为突出。豪放直爽的蒙古族人，写出来的文学作品却是意义深刻，简约但不简单。一些叙事文学作品，不仅仅简单地讲故事，故事背后都有深刻的社会批评和文化反思：如蒙古族第一部短篇小说《乌巴什洪台吉传》批评了卫拉特与喀尔喀蒙古之间的封建战争给民族和人民带来的苦难，《成吉思汗的两匹骏马》深刻探讨了团结的主题，而史诗《江格尔》则是歌颂民族精神的鸿篇巨制。还有一些取材于草原上游牧生活的拟人化的动物故事，如《绵羊、山羊和牛的对话》《乌鸦和喜鹊的对话》和《兔子、羊羔和狼的对话》等，都用草原民族熟悉的形象和生活情节寓意着人类社会，映射了社会问题。

总的来讲，蒙古族文学更多的是对生活的赞美，对自然的歌颂，对人性的肯定。虽然也有对社会阴暗面的批判，但是蒙古族是一个对世界和生活充满信心的民族，信心比抱怨多、宽容比批评多，而这个性格是辽阔无边的大草原赋予蒙古族人的。

内蒙古图书馆藏哈斯宝《新译红楼梦》书影（蒙古文）

长河中的遗珠：蒙古族流传人文之光

正是这种在历史长河的文化交流中不断完善的蒙古文，今天给蒙古族，也给人类留下了丰富的文化遗产。

《蒙古秘史》成书地纪念碑

105

蒙古族在历史上曾经使用过回鹘体蒙古文、八思巴字、托忒文、瓦金答喇字等十多种文字。回鹘体蒙古文是蒙古族人最早使用的文字，也是蒙古族人迄今使用的最古老而最成熟的文字体系，虽然各地蒙古部族也创制过托忒文等更加准确记录蒙古族方言的文字，但是都没有能够完全替代回鹘体蒙古文，只作为地方性的方言文字保留了下来，并使用至今。而八思巴字的创制则是出于宗教和政治的双重需要，当时不仅用八思巴字书写蒙古语，还书写汉语、朝鲜语等，但是因为八思巴字书写体系过于繁杂，元朝灭亡以后就逐渐退出了历史舞台。今天的蒙古文是一种很成熟的拼音文字，在不断的文字改革中逐渐完善，不仅语法体系日益规范，而且随着时代发展的需要，蒙古文记录语言的功能增强了，准确性也大大提高。特别是佛教传进蒙古族生活的地区以后，为了准确记录梵语和藏语词汇，蒙古族的佛教高僧们创制了阿里嘎里字母，能够准确记录藏传佛教的任何文献。正是这种在历史长河的文化交流中不断完善的蒙古文，今天给蒙古族，也给人类留下了丰富的文化遗产。蒙古族人写下的文献涉及到历史、宗教、文学、哲学、天文、地理、医学等，触及到人类人文科学和自然科学的诸多领域。大家所知道的被列为人类文化遗产的《蒙古秘史》只不过是蒙古族文献中的冰山一角而已。

　　当文字产生之后，口头语言并没有退出承载历史记忆的阵营。蒙古族的历史的流传是以文字记录和口头传承两种方式同时进行的。《蒙古秘史》是蒙古族历史著作的巅峰。而《黄金史》《蒙古源流》《宝贝念珠》《水晶念珠》等犹如一串串念珠，系统地记录了蒙古族的历史。虽然蒙古族人用母语撰写的这些佛教史学著作好比恒河之流，把蒙古族的历史同印度和西藏的王统连成一体，从而把佛教的源流伏藏在蒙古族历史的河床里，但是这些文献无不是今天人们研究和了解蒙古族盛衰的最珍贵的资料。

　　而蒙古族的宗教文献更是浩如烟海。其中，只提一提蒙古文《甘珠尔》《丹珠尔》就足够了，它们是佛教《大藏经》的重要组成部分。蒙古族用文字记录下来的不仅仅是宗教和历史文献，还有很多文学作品和其他文献。

　　文字记录，必须有载体。我们普遍知道的书籍载体就是纸张。但是，今天我们已经开始提倡低碳生活，尽量不使用纸张。因为造纸厂的污染是最严重的污染源之一，而且内蒙古草原上近年来也频频发生造纸厂污染草原生态的严重事件。而我们看看蒙古族人自古以来的造纸技术，就会发现记录人类知识和思想遗产的载体的纸张，其制作在蒙古族人那里并不是今天人们所看到的造纸厂那样的资源内耗和污染生态的做法，而是一切都是绿色的和自然的。古代蒙古人除了少量使用昂贵的高丽纸和汉族地区的纸

1989年8月，蒙古族英雄史诗《江格尔》展览在北京民族文化宫举行，艺人们现场演唱《江格尔》片断

张以外，更多地是使用本土制作的纸张。这种纸的制作和上色都是利用本土的植物和矿物，制作出来的纸张耐用，而且因为特殊加工还能够防虫。这种制作技术实际上可以和古代埃及的莎草纸进行比较。除了纸，古代蒙古人还经常用桦树皮当作纸张记录和撰写各种文献，包括宗教文献和文学作品。

一直到20世纪中叶，几乎所有蒙古族生活的地区的儿童教育中使用的都是一种叫作"文森散巴日"的写字板，蒙古族人将这种"黑板"平放在地上，均匀地倒上细沙，供孩子们练字；或者挂在墙上，涂抹羊油，再抹上灰，老师就可以在上面写字，写完了一抹，又是新的黑板。木刻和毛笔抄写的文献都是珍贵的。或者是出于虔诚的信仰，自己抄写或者请人抄写佛经；或者因为喜欢，自己抄写或者请人抄写历史著作甚至文学作品。代价都是昂贵的，抄写一本书的报酬往往是一头牛或者一匹马。因此，过去的蒙古族人对文字特别尊崇，就像费孝通先生说的那样，蒙古族人从来不把写了字的纸乱扔，一般都献给火神。

正是这些文献分散在世界各地，今天的蒙古学、游牧民族的历史研究才有了可能。这也是蒙古族为人类文化遗产所做出的不可忽略的贡献。

「苍狼白鹿」和蒙古族的迁徙传说

蒙古族和突厥语族民族的动物祖先信仰和传说的相似，反映了他们共同的民族起源或者是密不可分的亲缘关系。

众所周知的蒙古族的族源传说有两种。一种是《蒙古秘史》所载的著名的《苍狼白鹿传说》：

"成吉思合罕（即成吉思汗，《蒙古秘史》中对成吉思汗的称呼）的祖先是承受天命而生的孛儿帖赤那，他和妻子豁埃马阑勒一同渡过腾汲思海子来到斡难河源头的不儿罕山前住下，生子名巴塔赤罕。""孛儿帖赤那"（蒙古语）即苍色狼，"豁埃马阑勒"（蒙古语）即惨白色鹿。学者们一般认为这是一篇反映蒙古族先民苍狼白鹿图腾观念的祖先迁徙传说。其中，男祖先孛儿帖赤那的名字由突厥语对狼的称呼"孛儿"和蒙古语的狼"赤那"合成，说明该传说与突厥语族民族有联系。我们理解为，以苍狼和白鹿为图腾的两个有婚姻联盟关系的氏族部落渡"海"（蒙古语中把湖称为海子）迁徙到斡难河边繁衍了蒙古族，并且该传说受到了突厥狼图腾族源传说的影响。

第二种族源传说是波斯历史学家拉施特所著《史集》中记载的《额尔古涅·昆传说》：

约在成吉思汗出生前两千年，蒙古部落与突厥部落之间发生战争，蒙古部落战败，整部仅余两男两女，他们历经艰险，逃到叫作额尔古涅·昆的深山避难。这四个男女互相配偶，长期在此繁衍，久之，感到地狭人稠，拥挤不堪，于是全体协商冲出峡谷。他们宰杀七十头牛马，剥下整张的皮做成风箱，架起煤柴，鼓风扇火，烈焰飞腾，直至山壁熔化，通开大道。他们便一举迁徙来到广阔的草原。传说中反映了古代蒙古部落与突厥部落的战争，和苍狼白鹿传说一样，也是一篇祖先迁徙传说。

同样的传说见于有关突厥的汉文正史。《北史·突厥传》云:

"突厥者,其先居于西海之右,独为部落,盖匈奴之别种也,姓阿史那氏。后为邻国所破,尽灭其族。有一儿,年且十岁,兵人见其小,不忍杀之。乃刖足,断其臂,弃草泽中。有牝狼以肉饵之。及长,与狼交合,遂有孕焉。彼王闻此儿尚在,重遣杀之。使者见在狼侧,并欲杀狼。于时若有神物,投狼于西海之东,落高昌国西北山,山有洞穴,穴内有平壤茂草,周回数百里,四面俱山。狼匿其中,遂生十男。十男长,外托妻孕,其后各为一姓,阿史那即其一也,最贤,遂为君长。故牙门建狼头纛,示不忘本也。渐至数百家,经数世,有阿贤设者,率部落出于穴中,臣于蠕蠕……世居金山之阳,为蠕蠕铁工。金山形似兜鍪,俗号兜鍪为突厥,因此为号。"(《北史》,中华书局百衲本,第十册第3295—3296页,卷九十九)

日本学者白鸟库吉在《突厥和蒙古的狼种传说》一文中认为,蒙古族的苍狼白鹿传说脱胎于突厥传说,并且是它的发展了的形式。突厥传说中的西海相当于蒙古地区的腾汲思海,突厥传说中高昌国西北的洞穴应当为蒙古的额尔古涅·昆。蒙古族传说中熔铁化山,通开大道,源出通过两堆圣火中间以驱邪的突厥习俗,而熔化铁矿山则出于突厥居金山从事铁工之史实。因此,蒙古族传说的原型产生于西突厥。白鸟库吉的分析很有道理,而且与蒙古族传说非常相近的活形态传说流传在现代哈萨克族民间。

哈萨克族传说讲,从前,居住在阿勒泰山麓的乃蛮部的一支突然遭到外族入侵,几乎全族覆灭,只剩一位老英雄。敌部退去后,忽然出现一只母狼,母狼用舌头舔被砍断四肢的老英雄的伤口,使老英雄痊愈,然后把他藏到一个峭壁岩穴里,并与老英雄结合有了儿女。子孙繁衍,这支乃蛮部落重又发展起来。因为母狼和老英雄当初藏身的峭壁岩穴是在名叫额尔捷涅·孔的山巅,所以后来人们就把这支乃蛮部落叫作额尔捷涅·孔乃蛮。哈萨克传说中的额尔捷涅·孔就是蒙古族传说中的额尔古涅·昆,两个传说同出一源。

蒙古族和突厥语族民族族源传说的基本情节都很相似,属于同一种叙事主题。那么,蒙古部落和突厥部落的图腾观念及其族源传说为什么如此相近?这一相似性反映了什么?我们认为,应该从民族起源的角度回答这个问题,即从蒙古族和突厥语族各民族之间的历史联系来思考问题的答案。不过,对于这一复杂的问题,学者们的研究尚未取得统一的共识。因此,仅从古老的萨满教信仰的角度而言,可以得出如下的认识:

首先,各民族之间相同的动物祖先说明了相同的民族起源。动物祖先是史前人类为

赤峰岩画

了区别和巩固氏族而产生的原始思维的产物，是氏族的标志。蒙古族和突厥语族民族的动物祖先信仰和传说的相似，反映了他们共同的民族起源或者是密不可分的亲缘关系。其实，中外学者早已指出过蒙古族与突厥语族民族之间的族源关系之密切。譬如，拉施特所著《史集》记载《额尔古涅·昆传说》时把蒙古部落和突厥部落之间的战争看作"大约距今两千年前，古代被称为蒙古的那个部落，与另一些突厥部落发生了内讧，终于引起战争"。可见拉施特是把蒙古和突厥看作同一部族内的两个不同部落。

民族是由许多氏族部落组成的。蒙古族最后形成并登上历史舞台是由13世纪成吉思汗统一蒙古各部落建立蒙古汗国开始的。而构成蒙古族民族共同体的那些古老部落则早于13世纪以前就活跃在北方高原古老的土地上。这些部落的情况比较复杂，其中有的属于突厥系统，有的属于蒙古系统。反过来讲，突厥语族民族也是一样。因此，与某一个动物相关的族源传说不一定是全体蒙古部落或突厥语族部落共同的传承，而很可能是其中某一个氏族部落中主要流传的。可能是在民族共同体形成过程当中，这些部落带着自己的动物祖先信仰和与之有关的族源传说被吸收到蒙古族或者突厥语族各民族当中，导致形成了今天我们所看到的蒙古族、突厥语族各民族相似相近的动物祖先信仰和族源传说的现象。据说，柯尔克孜族中有叫作蒙古勒多尔的部落，并称他们的祖先就是蒙古人。

其次，蒙古部落和突厥语族各部落之间的婚姻联盟也可能导致了两者之间族源传说的互相流动和结合。一些学者认为，他们从远古到13世纪一直保持着婚姻联盟关系。这就是以白鹿为标志和以苍狼为标志的两大部落的婚姻联盟。鹿是蒙古族的图腾，狼是突厥语族各民族的图腾，随着两个部落的婚姻联盟关系的加强，鹿、狼两个图腾便结合在一起。这里讲的蒙古族和突厥语族各民族族源传说中多数场合是复合性质的（如狼与乌鸦、中间有瘤的树和鸦鹊）。从世界各民族的图腾信仰和传说看，这种复合形态的图腾故事一般都产生在两个不同图腾部落之间的婚姻联盟基础之上。

最后，古代蒙古部落和突厥语族各部落都从事着游牧经济，信仰着原始萨满教。萨满教是他们的原始宗教和世界观的基础。这样，他们解释自己的族源时就联系鹿、狼、鸟、树、光等，并最后归结到萨满教最高神苍天。他们普遍认为自己是"苍天有根"，是苍天的子孙。因此可以说，蒙古族和突厥语族各民族的族源传说，其核心无疑集中在萨满教的苍天崇拜观念上。

游牧民族的部落史诗传统：
战争和婚姻皆为草场和人口

　　蒙古族有异常丰富的英雄史诗遗产，据不完全统计，世界各地蒙古族中流传的英雄史诗有600部，其中除了举世闻名的《江格尔》和《格斯尔》两部鸿篇巨制外，还有众多的短篇史诗和中篇史诗。用史诗研究的术语来说，除了《江格尔》《格斯尔》等大型复合史诗外，更多的中小型的复合史诗和单篇史诗流传在蒙古族聚居的地区。

　　虽然蒙古族的几乎所有部落都有强有生命力的英雄史诗传统，但是历史上并没有形成过蒙古全民族的英雄史诗。蒙古英雄史诗的单位，从古到今基本上都是部落史诗，在一些部族当中形成过部族史诗，但是并没有发展到民族史诗却是事实。因此，我们可以肯定地说，蒙古族英雄史诗的传统实际上就是部落史诗的传统。蒙古族英雄史诗的这个部落特征与其起源形成和后来各部落的历史发展的情况有着密切联系。下面，我们结合蒙古各部落的历史发展和学者们对蒙古族英雄史诗的相关论述对这一问题展开探讨。

　　关于蒙古族英雄史诗的起源和形成，学者们一般认为，原始蒙古英雄史诗诞生于蒙古各部落尚未形成民族共同体之前。著名蒙古学家尼古拉·鲍培在其《喀尔喀蒙古英雄史诗》中提出，喀尔喀、布里亚特、卡尔梅克和内蒙古的各蒙古部族的英雄史诗之间有着诸多共同点表明，他们的英雄史诗是他们还没有迁徙到现在的地域的时候，继承了他们尚未形成三个民族以前的时代的史诗传统（鲍培把喀尔喀、卡尔梅克和布里亚特看作三个独立的民族，但是我们认为他们都是蒙古族的一部分）。他们是在生活在一起的时代创作了共同的英雄史诗。后来他们各自处在新的条件下，终止了各部落之间的迁徙和移动，逐渐形成了三个部族的时候，三个部族都继承了形成部族之前和内蒙古史前时代的发达的英雄史诗传统。喀尔喀人、内蒙古各部族在17世纪末叶的时候隶属于清朝，布里亚特人和卡尔梅克人属于沙俄，他们基本上被固定在一定的地域上，终止了大规模的迁徙，并被置于新的社会经济条件下，对他们以后的历史发展产生了重大影响。因此，他们的英雄史诗是在其游牧在与17世纪以来基本固定的地域和环境完全不同的地域，且互相之间是完全不同部族关系的时候创作的。鲍培的论述包含了这样的两层含义：首先是喀尔喀、布里亚特、卡尔梅克和内蒙古等蒙古部族迁徙到17世纪以来固定的生活地域之前游牧在一个迁徙和移动幅度比较大的共同的地域里，而且那时候还没有形成民族共同体，他们之间或者各部落之间的关系被鲍培表述为不同的种族之间的关系，原始的蒙古英雄史诗正是在那个时代形成的。从蒙古族的形成历史看，13世纪的时候成吉思汗武力统一蒙古各部落之前，各部落的情况是比较复杂的，除了操蒙古语族语言的部落之外，还有不少操突厥语族语言的古老部落。因此，鲍培所说的"互相之间是完全不同的种族关系"的说法是有一定道理的，但是用"完全不同的种族关系"的表述不够准确。实际上，可能就是操蒙古语族语言的古老部落和操突厥语族语言的古老部落共同居住在一起的时候，他们的祖先已经创作了比较发达的英雄史诗。今天蒙古族英雄史诗和突厥语族英雄史诗之间具有诸多共同点也能够说明这种假设的合理性。其次，蒙古族民族共同体形成之后，继承了古老的原始蒙古英雄史诗的传统，后来喀尔喀、内蒙古由于种种政治和社会历史原因四处迁徙并最终被清朝的强有力的统治固定在一定的生活领域，土尔扈特西迁到伏尔加河畔被称作卡尔梅克接受沙俄统治，布里亚特受沙俄统治，实际上他们之间的错综复杂的迁徙已经被限制甚至终止了，但是他们仍然拥有相同的英雄史诗传统，这是他们分别从最初的原始蒙古英雄史诗继承来的结果。后来这些蒙古部族在不同的社会历史条件下，他们的英雄史诗有了不同的发展，但是互相之间仍旧保持着许多共同点。鲍培对蒙古英雄史诗形成和各部落史诗共同点形成原因的论述得到了蒙古史诗研究者的响应。

我国著名史诗专家仁钦道尔吉在其《江格尔论》和《蒙古英雄史诗源流》等重要著作和《蒙古史诗发源地之探索》等论文中更加详细地反复讨论了同一个观点。仁钦道尔吉认为，目前分别居住在外贝加尔和伊尔库茨克一带的布里亚特人、伏尔加河西岸的卡尔梅克人，居住在我国呼伦贝尔的巴尔虎人、哲里木的扎鲁特人、新疆一带的卫拉特人和蒙古国的喀尔喀人、西蒙古卫拉特人,虽然彼此相隔数千公里,在过去数百年中也很少联系,但他们的民间史诗存在着极其重要的共同特点,而这些是无法用"影响说"来做解释的。这恰恰只能被认为是反映了整个蒙古英雄史诗的共同起源。

人们知道,研究斯拉夫史诗的学者们,把各个斯拉夫民族史诗中共有的因素都看作是斯拉夫人共同的创作。因为,那些共同的因素,恰恰是产生于斯拉夫各民族形成以前各个斯拉夫部落在一起居住的时期。同样,我们也认为蒙古英雄史诗产生于蒙古族形成以前的历史阶段。现有各蒙古史诗中心里的英雄史诗都有同一渊源,它们都是在同一时期共同地域产生,并得到初步发展的。据历史记载,蒙古族形成以前,约在11—12世纪,许多蒙古部落聚居在南西伯利亚和中央亚细亚。例如当时卫拉特各部落生活在贝加尔湖西部安加拉河一带的八河流域,巴尔虎部落居住在贝加尔湖以东巴尔古津地区,各布里亚特部落基本生活在贝加尔湖周围。蒙古国的喀尔喀人是后来形成的一种地域共同体。当时的各蒙古部落分为森林部落和草原部落。现有蒙古史诗的七个中心和三大体系也恰恰来源于森林和森林边缘地带。11—12世纪森林部落和草原部落的先民居住地带是一个相当辽阔的"史诗带"。在这个"史诗带"里,许多部落的聚居区无疑都会成为史诗的发生点或中心,因而在各个中心几乎都会出现蒙古英雄史诗的雏形,它们相互影响,逐渐发展成为初期英雄史诗。后来由于一些部落离开共同地域,迁徙到远处去生活,各部落的史诗也就得到不同的发展,出现了三大不同系统的英雄史诗。笔者也曾经探讨过蒙古各部落史诗之间共性形成有两种情况:一种情况是,蒙古各部落的英雄史诗共同起源于这些部落尚未各自迁徙到今天居住的地域之前,共同生活在一起的时期和地带,另一种情况是由于一些部落相互之间的历史联系一直未曾间断,他们长期居住在相邻、共同的地域,所以这些部落的史诗之间在原来原始蒙古英雄史诗共性的基础上,又形成了许多晚期的共性。

那顺孟和的油画《格斯尔可汗》

蒙古包内，供奉成吉思汗像

　　蒙古英雄史诗从起源形成到发展演变，一直都是部落史诗。我们从蒙古英雄史诗所反映的战争主题和史诗情节类型两个方面论述我们的观点。我们知道，蒙古英雄史诗和世界各民族的史诗有两个基本主题，即战争和婚姻。其中，战争可以分为民族内部（民族共同体形成之后）的各部落或者部落联盟之间的战争和民族之间的战争两个类型。蒙古英雄史诗在情节类型上可以分为单一情节的单篇史诗和串连复合史诗、并列复合史诗三大类型。在蒙古族民族共同体形成之前，蒙古高原上的各部落的情况是比较复杂的，操蒙古语族语言的部落和操突厥语族语言的部落共同生活在一个广阔的地域，正在经历战争不断的融合过程。在这个过程中战争是在部落和部落之间，或部落联盟和部落联盟之间进行的，因此最初在这些部落当中产生的英雄史诗所反映的无疑都是部落之间或者部落联盟之间的战争。其中既有蒙古部落之间的战争，也有蒙古部落与突厥部落之间的战争。因此，蒙古英雄史诗最初的渊源就是反映部落战争的部落史诗，这种部落史诗中的战争起因基本上都是争夺牧场和人口，因此最初的原始蒙古英雄史诗应该是情节单一简单的战争和婚姻题材的简短的单篇史诗，而还没有具备产生

116

更为宏伟壮观的大型复合史诗的历史条件。在蒙古英雄史诗情节类型的发展中，单篇史诗一直都是最核心的基础，这也说明了后来的蒙古英雄史诗都是由最初的原始单篇蒙古史诗发展而来的，而原始单篇蒙古史诗就是在部落和部落联盟战争中起源并形成的，就是部落史诗。

13世纪成吉思汗武力统一蒙古各部落建立蒙古汗国和继续西征的战争时代，可谓蒙古英雄史诗发展的重要时期。但是，即便是成吉思汗统一蒙古和征服世界的历史时期，蒙古人中并没有产生一部反映成吉思汗伟大事业的民族史诗。学者们一般将《蒙古秘史》视作这一时期产生的具有民族史诗特征的作品。确实，《蒙古秘史》是用史诗手法创作的一部具有强烈的史诗风格的作品，它是在蒙古英雄史诗传统的基础上形成的。但是《蒙古秘史》毕竟不能等同于英雄史诗。那么，为什么成吉思汗的统一事业没有成为英雄史诗的创作题材？我们认为，战争的性质决定了一切。史诗是弥补性的，史诗的主题主要是针对外来侵略的战争。当一个民族受到异民族的侵略和压迫而进行民族战争的时候，民族史诗才获得真正的艺术生命（部落史诗也如此，当部落的牧场、财产和人口受到外部落的侵略和抢劫而进行部落之间的战争的时候，部落史诗就诞生了）。因此，对蒙古族人来说，成吉思汗的统一战争无法形成本民族的史诗主题，对这次战争的描述应该是史学家的任务。

到了元王朝灭亡，蒙古族人退回蒙古高原之后，14—17世纪之间，蒙古族内部连续进行了长达几个世纪的封建战争。虽然经过成吉思汗的统一战争，蒙古民族共同体形成了，但是元王朝灭亡之后，中央集权的衰弱使异姓王公贵族和成吉思汗黄金家族之间进行了长达几个世纪的争夺控制全蒙古族人统治权的内部战争。这种战争实际上使蒙古社会退回到13世纪以前的部落和部落联盟战争的模式。因此，这段时期的蒙古英雄史诗基本上仍然是部落史诗。14—17世纪蒙古族内部的封建战争，可以分为两个类型：一个是东蒙古地区和西部卫拉特蒙古之间争夺蒙古汗权的战争，在西卫拉特联盟的强大联合形成之后达到了顶峰。一直处于被动的社会政治地位的卫拉特蒙古迅速强大，并与东蒙古地区争夺蒙古正统汗权的战争以及卫拉特蒙古与周围突厥民族和部落之间进行的民族战争的过程中，他们原有的发达的英雄史诗传统得到了高度发展，一方面形成了并列复合史诗《江格尔》，另一方面卫拉特史诗体现出从部落史诗逐渐发展为民族史诗的趋势。卫拉特蒙古人西迁之后形成的卡尔梅克人中带走的《江格尔》史诗在沙俄的民族压迫下表现出了民族史诗的特征。另一个是喀尔喀-巴尔虎史诗系统的史诗一直保持着部落史诗的特征。其中，喀尔喀蒙古英雄史诗正如鲍培所评论的那样，"民众把英雄史诗的一部分从氏族社会继承过来，又从贵族口碑文学继承了部分内容。有明一代的蒙古封建领主们大部分反对中央集权的汗权。描述封建领主们相互之间的斗争反映到英雄史诗中"。鲍培认为，文言叙事诗的中心人物是成吉思汗，文言叙事诗是封建社会最上层阶级即成吉思汗黄金家族出身的诸多领主或者其子孙创作的；而喀尔喀民间史诗和文言叙事诗不同，它完全是民众的创作，反映了大部分地方领主反对汗权的封建战争。实际上，喀尔喀蒙古英雄史诗仍然属于部落史诗，它所歌颂的并不是全民族的精神，而只是每一部史诗作品所隶属的部落或者部落联盟的历史或者利益。喀尔喀史诗所突出的只是某一个部落在众多部落中的政治和社会地位。因此，喀尔喀史诗的政治功能就是在地方领主反对中央集权统治的封建战争中作出有利于自己部落的合理化解释，从而振奋自己部落民众的士气。喀尔喀−巴尔虎史诗中所反映的战争基本上就是民族内部的各部落和部落联盟之间的封建战争，因此喀尔喀−巴尔虎史诗始终都是部落史诗。

从蒙古英雄史诗的上述发展脉络来看，蒙古英雄史诗基本上是部落史诗，只有卡尔梅克和卫拉特蒙古人的《江格尔》史诗，因为与异民族的接触和碰撞出现了民族史诗的特征。而以喀尔喀史诗为典型代表的东蒙古地区的英雄史诗则是基本上被局限在本民族内部的部落史诗的发展，其主题局限在不同部落之间的战争和地方封建领主反对中央集权汗权的统治。而这种主题在性质上并没有摆脱最初原始蒙古英雄史诗的主题和题材。就史诗中反映的战争的性质而言，并列复合史诗《江格尔》属于部落联盟的统一战争和部分的民族战争，而喀尔喀史诗的战争则主要是地方领主或者是部落反对中央集权统治的战争，基本属于部落或者部落联盟的战争。在这种战争原型基础上形成发展的英雄史诗仍然是作为部落史诗或者部落联盟史诗的单篇史诗或者串连复合史诗。这样，我们就明白了蒙古英雄史诗中的英雄和他的敌人，包括恶魔蟒古思都是部落战争和部落联盟中的角色和形象。

赞词就是蒙古族民众赞美和评价生活中的美好事物，来抒发美好愿望的民间歌谣形式。

天堂草原是赞美出来的

蒙古族人民喜爱赞颂一切美好的事物。赞词就是蒙古族民众赞美和评价生活中的美好事物来抒发美好愿望的民间歌谣形式。在蒙古族民间赞词中，蒙古包变成了珠光宝气的美丽宫殿，蒙古族人民长期以来艰难生存和艰苦奋斗的大自然变成了幸福的乐园，羊群就像撒在草原上的珍珠，从而激起了他们生活的热情，唤起了他们对美好生活的向往和对故乡的无比热爱。可以说，赞词描述的理想世界牵动着蒙古族人民的心，使他们在实际生活中树起了信心，并得到了安慰。

早期的赞词并不仅仅是我们今天所看到的那样只是为了抒发感情和表达审美情趣，而是另有实际目的，即通过妩媚动听的赞词取悦神灵以得到神灵的保佑和恩赐，应该说这才是赞词的真正起源和早期的功能。我们以《阿尔泰赞词》为例，西蒙古地区史诗艺人在演唱史诗之前都要演唱一段赞美阿尔泰山美丽景色的《阿尔泰赞词》，认为这样做便可以取悦阿尔泰山神阿力亚·洪果尔，从而得到山神赐给的更多的猎物并时刻受到山神的佑护。人们相信，阿尔泰山神以及其他神灵都喜爱听史诗演唱，于是猎人在狩猎中演唱史诗以祈求山神的保佑，并且特别针对阿尔泰山神诵唱美丽动听的赞词。我们从下面的一段《阿尔泰赞词》中看出，人们对山神的赞颂实际上就是对故乡富饶美丽的阿尔泰山的赞颂：

上身由
天上的日月照耀点缀的，
中身由

119

空行母护围作伴的，

下身由

天龙八部汇集护迎的，

嘴大犹如大山谷，

有着六十二颗大獠牙的，

充满健壮活力的，

富饶的阿尔泰山神哟！

从西边绕过去看一眼，

右手持如意宝，

坐在虎皮靠椅上，

呈班丹拉姆女神之形，

有着茂密的原始森林，

以富饶著称于世的

富饶白发山神阿尔泰哟！

从东边绕过去看一眼，

左手持百种宝，

呈现宗喀巴佛的慈祥，

各种野兽在你怀抱中自由奔跑，

五色鲜花开放呈吉祥的，

充满健壮活力的，

富饶白发山神阿尔泰哟！

从北边绕过去眺望一眼，

呈现出如来佛的慈悲，

树上结满各种鲜美的果实，

地下潜藏金银宝物的矿藏，

各种植物蓬勃生长，

甘露一样的清凉泉水，

处处流淌不尽，

落叶松林迎风作响，

长着十二支犄角的鹿，

不停鞠躬鸣叫，

大角的盘羊，

晃动着它们硕大的犄角，

充满健壮活力的，

富饶、白发苍苍的阿尔泰哟！

······

当越过山梁居高临下看前方，

布谷鸟在天上歌唱，

绿草在地上生长，

世界变成绿色的海洋，

处处是欢乐的人群，

遍地是肥壮的牛羊，

在美丽的阿尔泰山脚下，

人人过得幸福美满！

当从山上下来走到平原，

野葱发出诱人的芳香，

五谷庄稼在风中摇摆，

五种牲畜犹如彩云飘落大地，

欢乐的人们聚在一起，

收割丰收的庄稼，

地上铺满美丽的地毯，

桌上摆满五味食品，

举行了盛大的宴会。

······

　　这篇赞词具有取悦山神的宗教功能，另一方面，蒙古族人民从自己的实际生活出发，按照自己的审美情趣和价值观念描绘了无比美丽的阿尔泰山的自然和人文景观，表达了美好的生活理想。在赞词中，阿尔泰山神和阿尔泰山二者是统一的，赞词从各种

马奶节祭泉仪式后，大家围坐一起高唱赞歌，感恩长生天和圣祖

角度全方位描述阿尔泰山的一草一木、一鸟一兽的表现手法，体现了蒙古族民间赞词最基本的文学特征。《阿尔泰赞词》的功能和性质反映了早期的赞词是应人们的实际需要而产生的，赞词的产生和运用与古代蒙古人的宗教信仰有着紧密联系，并与其他的民间歌谣形式有着不可分割的渊源和传承关系。

骏马是蒙古族人的至爱。马不仅是蒙古族驰骋世界的交通工具，也是草原上游牧的蒙古族人一生的亲密伙伴。蒙古语谚语中说："人靠衣服，马靠鞍。"好马配好鞍，蒙古族人非常讲究马鞍，一匹好马，一副好鞍足以让一个蒙古族男人在那达慕大会上出尽风头。蒙古族人不仅在现实生活中讲究马鞍和其他马具的质地及精良做工，而且在英雄史

诗等口头文学中也经常用最优美的诗句甚至夸张的诗句赞美英雄坐骑的马鞍和其他马具：

亮闪闪的银笼头，
套在骏马的头上；
金银制作的马嚼子，
戴在骏马的嘴里；
圆圆的鞍屉，
铺在骏马的背上；
价值一万两白银的马鞍，
套在鞍屉上面；
日月般的一双马镫，
闪打在马肚的两侧；
吉祥的八条皮梢绳，
合拍在马鞍的两边；
手巧的女子精心缝制的
边镶花纹的红布肚带，
紧紧捆在马肚下；
身强力壮的女子缝制的
边镶花纹的白布肚带，
紧紧捆在马肚下；
价值七十两白银的后垫
套在骏马的腰侧；
精致的马鞭，
挂在马鞍上。

　　草原上的英雄就是骑着这样一匹精心装备的骏马到遥远的地方，通过赛马、射箭和摔跤等男子汉三项竞技，打败对手，迎娶可汗的美丽公主，把她带回家的。

123

呼伦贝尔三河马

从敖包相会说开去

一提到敖包，不少人可能马上会想起那首脍炙人口的歌曲《敖包相会》。歌中唱道："只要哥哥你耐心地等待呦，你心爱的人就会跑过来呦！"多少年来误导了不了解蒙古族文化的人们信奉"敖包就是男女相会的地方"。实际上，敖包是神圣的祭祀场所，定期举行盛大祭祀庆典的敖包（如和硕敖包）是绝对禁止女性靠近的，更何况是谈情说爱！

而且敖包也不是随时随意祭祀的，每年的敖包祭祀都有严格的固定日期，人们相信，祭了敖包一年的雨水就源源不断。过去，敖包祭祀是各地游牧的蒙古族人一年中最重要的祭祀活动之一，因为关系到一年的风调雨顺、畜群繁殖大业，所以从王公贵族到庶民百姓，都要盛装参加敖包祭祀，祭完敖包后还举行那达慕大会，进行男儿三项比赛——赛马、射箭和摔跤。敖包祭祀的那达慕大会最初的功能不是娱乐人们自己，而是娱乐神灵。而今天内蒙古很多旅游地点的敖包则真正成了所谓的"敖包"——一堆石头，信仰内涵荡然无存。

在蒙古族生活的草原上，映入眼帘的最典型的信仰标志物就是敖包。石头堆积，插上柳条，系上哈达，这样的敖包千百年来承载了蒙古族既朴素又深邃的信仰内涵。于是，他文化的学者和文人把敖包当作蒙古族信仰的集大成者并津津乐道。是的，敖包是游牧的蒙古族人信仰世界的集中展示，但是殊不知，在蒙古族人的生活中，信仰和禁忌无处不在。

可以说，蒙古族人的游牧世界是一个充斥着神灵的世界。草原上生活的蒙古族是一个敬畏着长生天父亲和大地母亲，把每棵灌木都看作神来崇拜,把每座山头都当作神来敬畏的信仰虔诚的民族。天地十方神灵构成了游牧的蒙古族人的万神殿,在天地间注视着蒙古族人,保佑着蒙古族人。由于神灵世界的威严和繁杂多元,游牧的蒙古族人的心灵世界就始终充满了虔诚的信仰,从而在一生中更加小心谨慎,唯恐神灵不高兴。

神灵的世界又与蒙古族人赖以生存的草原紧密相连,你中有我,我中有你。在虔诚的蒙古族人看来,真正的主宰是长生天父亲和大地母亲,草原上的山山水水都有自己的神灵,草原上的风调雨顺和牛羊肥壮都是神灵世界恩赐给人们的。

巴音布鲁克高山草原上的敖包

萨满与翁衮

萨满是让天神和人类互相沟通的使者，于是，蒙古族萨满教的神偶——翁衮出现了。

贝加尔湖西岸中部阿里洪岛上的"萨满石"是布里亚特蒙古人的崇敬地

蒙古族人经常说"长生天父亲，大地母亲"。苍天至高无上，是蒙古族人信仰的至高点。

　　最初，长生天或者腾格里并没有具体的形象，后来在蒙古族萨满教中腾格里被描述成九十九尊腾格里神，并分成东方四十四尊腾格里神和西方五十五尊腾格里神，而且东西方天神之间还经常发生战争。不过，有时候东西方腾格里神之间还结成婚姻关系。这说明，古代蒙古人按照人间部落联盟之间的战争和婚姻模式塑造了东西方天神的阵容。

蒙古族人中广泛流传的史诗《格斯尔》的主人公格斯尔就是西方善良的腾格里神，为了拯救被邪恶的东方腾格里神迫害的人类而派到下界，投胎人间，铲除恶魔，保护人类的英雄。而在蒙古族萨满教中，萨满也是天神派到人间来保护人类不被恶魔伤害的使者。

蒙古族人的神话《最初的萨满》中讲道：世界之初，宇宙中没有人类，只有善恶天神。西方善良的天神们创造了人类。可是东方恶天神并不喜欢人类，于是恶天神作祟，人间就流行疾病，开始出现了死亡。善良的西方天神们同情人类，决定派一名萨满去协助人类，和恶魔做斗争。天神们选中了鹰，于是鹰就成了最初的萨满，帮助人类，和恶魔做了斗争。但是鹰不会说人类的语言，人类也不理解鹰的叫声。因此鹰回到天上，请求天神让自己托胎为一名蒙古人，成为人间的萨满，这样他就能讲人类的语言，并能够让人类和天神之间进行交流。众天神同意了鹰的请求，鹰从天上飞下来，和一个睡在树底下的女子交合，使她怀孕了。女子生下一男孩，他就成了世界上的第一个萨满。

在蒙古族人看来，萨满是让天神和人类互相沟通的使者。萨满教相信万物有灵和灵魂不死，将宇宙分为上中下三界，萨满最主要的职能就是为人间沟通和联络神灵、祖灵和鬼灵诸界，以期借助超人的形式来阐释并解除人类的疾病和灾难。于是蒙古族萨满教的神偶——翁衮就出现了。

过去，蒙古族人的翁衮很多，并且职责分明。在蒙古包最尊贵的位置供奉着祖先的翁衮，萨满的翁衮则更多。在萨满教的仪式中，往往是萨满先从另一个世界请来自己的翁衮，翁衮享受贡献的祭品和牺牲后去履行自己的职责。

萨满的服饰和法器同样体现了萨满作为人类和神灵世界之间使者的核心思想。萨满神话中还讲道，鹰是腾格里天神的神鸟使者，鸟羽式萨满服象征了萨满模仿飞鸟试图飞行的思想。而萨满的鼓，被认为是萨满在人间和神灵世界之间旅行的坐骑，因此萨满鼓上经常绘制有24支犄角的飞行的神鹿。

蒙古族人的萨满教一直蒙着神秘的面纱，从成吉思汗时代的大萨满贴卜·腾格里开始，蒙古族人敬畏萨满的法力，但是萨满教神秘面纱的背后实际上蕴藏着蒙古族人朴素的自然观，可以说萨满教中有不少人类与世界和谐共存的积极思想。

飞翔的萨满

神鹰便传授给她与天及众神通灵的神术，并用自己的羽毛给女孩编织了一件神衣，让她头上戴着插了羽毛的神冠，自由自在地遨游于世界，把她培育成一个了不起的最早的女萨满。

鸟羽式萨满服流传在布里亚特蒙古族萨满中。这种萨满服是对襟式长袍，长袖，袖口肥大。长袍前后及袖口上缀满布制的约10厘米左右宽的饰条，总计有200多条，有长有短，如同鸟的羽毛。关于这种鸟羽式萨满服的来历，有一个古老的神话。神话中讲道：

鹰是腾格里天神的神鸟使者。它受命降到人间，和部落首领结婚，生下一个美丽的女孩。神鹰便传授给她与天及众神通灵的神术，并用自己的羽毛给女孩编织了一件神衣，让她头上戴着插了羽毛的神冠，自由自在地遨游于世界，把她培育成一个了不起的最早的女萨满。

如果我们把这个神话和鸟羽式萨满服联系起来思考，就不难理解萨满作为天神和人类之间的使者以及萨满与鸟的密切关系了。鸟羽式萨满服象征了萨满模仿飞鸟试图飞行的思想，而萨满作为天神的使者首先往往是以女萨满的姿态出现在人间的。

从前，天神创造了人类之后派鹫去保护人类，以使人类不被恶魔所伤害。鹫转悠在人类的周围尽自己的责任，但是人类并不喜欢鹫，就让孩子们驱赶鹫。于是，鹫回到天上，向天神报告自己的遭遇，天神对鹫说："那么你把自己的神术传给人类，让人类自己去保护自己吧！"鹫飞回人间，见到一个野外放羊迷了路的布里亚特少女睡在一棵树底下，鹫就把自己的神术传授给了她。少女昏睡三天才醒过来，回到家之后，遭到哥哥的粗暴谴责。突然，哥哥得了疾病，妹妹就说："我来治你的病吧。"于是，少女让哥哥躺在白毡子上，身下放一根有权的木柱，哥哥的病立刻就痊愈了。从此，这个少女就成了布里亚特蒙古族最初的女萨满。

贝加尔湖西岸的阿里洪岛上，布里亚特蒙古人向萨满石方向磕头

蒙古族萨满有三个方面的特点：

第一，萨满是让天神和人类互相沟通的使者。萨满的职能与其世界观是紧密相连的。萨满教相信万物有灵，灵魂不死，将宇宙分为上中下界，萨满最主要的职能就是为人间沟通和联络神灵、祖灵和鬼灵诸界，以期借助超人的形式来阐释并解除人类的疾病和灾难。

第二，萨满是巫医。有学者早就指出过：萨满教的发生与其医术机能有着密切的关系。医术机能是萨满教最主要的机能之一，也是最直接的实践目的。

第三，成为萨满的过程总是在睡眠或梦幻状态下完成。我们从田野调查中得知，很多萨满是经历过患病，不省人事昏睡很长一段时间，在睡眠和梦幻中得到神灵的附体和启示而成为真正的萨满的。前面的古老的神话不仅解释了世界上最初的萨满的由来，而且还叙述了成为萨满的仪礼过程。

古代蒙古萨满治病不是用医术，而是用驱逐恶魔的萨满仪式。当一个人患病时，由萨满宣布某神或恶魔是得病的原因及这神或恶魔向人们要什么东西，神多半同意用某种动物来代替病人的魂，只要萨满同意了，就带着这种动物走，他还要做种种仪式和姿态，好把恶魔从病人身上移到自己的身上，然后又由自己身上移到那动物身上去。

当佛教在草原上遭遇萨满教

佛教在蒙古族生活的草原上遇到萨满教，并不仅仅是简单地镇压和消灭萨满教，还进行了吸收、强化和适应性调整，逐渐代替了萨满教的实用功能。

在家中拜佛的呼伦贝尔蒙古族人

提到蒙古族人的宗教信仰，在很多人的印象中自然会产生佛教和萨满教二元对立的概念。一些学者通过历史文献的研究，指出藏传佛教在蒙古族生活的地区传播过程中对蒙古族人原有信仰萨满教进行了残酷的镇压，其中最著名的就是内齐陀音活佛用高超的法术战胜萨满教的最高领袖，并烧毁了如蒙古包一样堆积起来的萨满翁衮。而萨满教中也有白萨满和黑萨满之分，认为白萨满是皈依了佛教的萨满，而黑萨满则是一直与佛教对立的萨满。

但是，实际上佛教在蒙古草原上遇到萨满教，并不仅仅是简单地镇压和消灭萨满教，更重要的是佛教还吸收了很多萨满教的因素，强化了自身的适应能力，逐渐代替了萨满教的实用功能，才在蒙古族社会中站住了脚跟。譬如，在蒙古族生活的地区的很多寺庙中都有护法神殿，而多数护法神殿中，当地的山水神灵特别是敖包神有一席之地——佛教把当地的敖包神或者山神——原来的萨满教神灵请到寺庙中来，也就是说，佛教在蒙古族生活的地区流传的过程中，纳入和吸收了蒙古族本土信仰或者萨满教的神灵作为佛教的护法神。这其实也和某些佛教史学家写蒙古族历史的时候把蒙古汗统追溯到更久远的古代印度时期是一个道理，就是通过把蒙古族的祖先纳入佛教体系，来确立佛教在蒙古族人中的权威。而把敖包神或山神纳入佛教万神殿，则更有一种佛教通俗化和大众化的倾向。

佛教与萨满教的融合更集中地体现在敖包祭祀上。蒙古族生活的地区很多敖包祭祀由喇嘛来主持进行，而且敖包祭祀的经文是藏文写的，内容却是祭祀敖包神，是用佛教《护法神仪轨文》中的模式描述和供奉蒙古族生活的地区的山水神灵，在内容和形式上使得佛教和本土信仰相结合。而萨满教的神歌中也经常请佛教神灵——如班丹拉姆女神、二十一度母等，和萨满教的众多神灵一起降到人间享用祭祀并保佑人间。因此，在游牧社会里，与其说佛教和萨满教水火不相容，还不如说两者互相吸收和融合，虽有

北京现存的元代佛教建筑白塔寺，于1271—1279年间，元世祖忽必烈时期建造

国内外出版的蒙古文古籍目录

矛盾斗争,但更多的是妥协共处,互相吸收,各自发展。

佛教通过与萨满教的斗争并吸收了萨满教因素及更多的民间信仰因素,适应了蒙古族社会,从而逐渐被广大的蒙古族民众所接受。而萨满教则通过与佛教的妥协和吸收佛教因素,最大限度地捍卫了自己的地位。佛教传入蒙古族生活的地区,在蒙古族中扎根,是经过了本土化过滤的,那就是佛教与蒙古族萨满教和民间信仰结合,蒙古化以后才被广大蒙古族人民接受。

佛教虽然宣扬因果报应观念,但是这些思想的背后还隐藏着保护草原生态、保持人与自然和谐共存的深刻思想。譬如,蒙古族人中广泛流传的地狱图册中,经常描绘破坏草场或放火的人死后坠落地狱、受苦受难的情景。这些佛教思想无疑对人们爱护草场、保护自然生态起到了积极的作用。佛教传入蒙古族生活的地区以后,很多禁忌也都带上了佛教因果观念的印迹。如不能捕猎带有幼崽的动物,违则引来母子分离的灾祸;禁止用猎夹捕猎黄羊等野兽,违则猎人来世遭受巨大惩罚,像被猎夹夹住的黄羊一样断脚后跟;屠宰猎物时禁止折磨它们,应尽快结束其生命,否则罪孽更大,死后会落入地狱。

如果说萨满教是针对现实问题,那么佛教思考的则是来生,并用因果观念来进行阐释。

山山水水都有自己的神灵

「让我背靠着额尔敦本贝山，眼望阿拉坦本贝山，静卧长眠。」

蒙古族人对自己生活的山山水水注入了虔诚的信仰。蒙古族人的山神和水神都有形象，而且多是蒙古族人游牧的形象：如骑着白骆驼的女神，在骆驼的前峰上挂着装小羊羔的毡子口袋，完全是骑着骆驼从牧场接羔归来的牧民妇女的形象，巴林右旗赛罕汗山的山神是骑着骏马的勇士。玛尼罕腾格里是专门管猎物的神。阿尔泰山神叫作阿利亚·洪果尔，演唱《阿尔泰赞词》就是为了取悦阿尔泰山神。蒙古族人祭祀山神主要是祭祀敖包，在《祭祀敖包仪轨文》中将这些山水神灵描述得栩栩如生。

山神们或者骑着骏马，或者骑着骆驼，从山上下来，或从天上降下，与其他的神灵们一同接受人们的祭祀，听取人们虔诚的祈祷后再回到山上或者河流——自己的世界，并时时刻刻保护着蒙古族人和他们的五种牲畜，保佑他们远离天灾人祸。这是何等朴素而虔诚的信仰世界啊！

蒙古族人还坚信，不能随便破坏山水，这将会引起山水神灵的愤怒，从而降祸于自己。蒙古族人认为，一草一木、一禽一兽都是属于山水神灵的，猎人打猎时打中猎物，都会认为那是山神赐给自己的恩惠。

蒙古族人的五种牲畜也都有自己的保护神，其中，最著名的是吉雅其神。吉雅其神的传说中讲道：勤劳的牧马人吉雅其年老病倒，临死前恋恋不舍自己放牧的马群，对前来探望的主人提出要求说："我死以后，把我平生穿的衣服给我穿上，在我的胳膊上挂上我用过的那根套马杆，之后就把我放在那匹黄骠马上，送到西南山上去，让我背靠着额尔敦本贝山，眼望阿拉坦本贝山，静卧长眠。"

137

主人答应了老牧马人的要求之后，吉雅其就放心地闭上了眼睛。几个月后，当地的马群里发生了瘟疫，并且发现夜夜有人把马群赶进西南那座深山里去。主人知道这是吉雅其的亡灵还没有安息，一直放心不下自己的马群的缘故，因此就对吉雅其的灵魂许愿祷告，答应把吉雅其的像画在牛皮上供奉起来，让他每天都能看到心爱的马群。这样，从第二天起，马群不再流行瘟疫，而且繁衍得数量更多。从此，蒙古族人就供奉吉雅其，向吉雅其神祈祷牲畜的安全和繁衍。

内蒙古乌尔逊河春天的河冰，山水之中皆有神灵

138

无处不在的禁忌

草原上的禁忌无处不在，是深深地印在人们内心里的信仰。

蒙古族人心胸像草原般宽阔，但是在日常生活中却小心翼翼地恪守着种种禁忌。这些禁忌可不是随意指定的规章制度，而是深深地印在人们内心里的信仰。

几乎每一个蒙古族人都是在恪守禁忌的文化熏陶中长大成人的。恪守禁忌、不违反禁忌实际上已经成了蒙古族人人生当中必修的一门课程。繁杂的禁忌不仅约束着游牧社会中每个蒙古族人的言行，而且像一只看不见的巨手，无形中规范着游牧社会按照传统延续下去。在蒙古族人中，一个不遵守传统、不恪守禁忌的人，被认为是没有教养的、对社会不负责任的人，人们认为这样的人会给整个社会带来不幸。

禁忌的内容复杂多样，有民间信仰的，有萨满教的，也有后来的佛教信仰的，即使是和佛教有关的禁忌，实际上也是用佛教的因果观念对禁忌的朴素内涵做了合理化的解释。而且，有些禁忌的解释看似是宣传了佛教因果观念，但是细细想来，还是反映了游牧的蒙古族人对人与自然的和谐发展的思考，维持了传统文化，保护了草原生态。

蒙古族人有很多禁忌与环境保护有关系，违反这些禁忌将会引起山水神灵发怒，从而招来灾祸。如不能在野外随便乱扔猎物的骨头、肉血、皮子等，这样将触怒山水主人和猎物神；迁徙搬家时一定要把废墟打扫干净，深埋垃圾，否则触怒土地神；禁止砍伐和毁坏神树，违则触怒山水神灵招来灾祸；禁止往泉水中投扔脏物，或者滴入牛奶和马奶，否则会污染泉水，触怒水神；绝对禁止在泉水边洗衣服、倒脏水或者大小便，违则会触怒龙神；禁止在敖包附近狩猎和屠杀牲畜，禁止在敖包附近的湖水里捕鱼，违则敖包神发怒，厄运降临；禁止赶畜群到泉水边饮水，具有特殊药效的泉水不适合饮牲畜；禁止杀蛇，否则生命会遇到危险，也会触怒山水神灵，如果蛇爬进蒙古包，要用木棍或火剪夹住蛇，在蛇头上滴牛奶，然后把蛇扔到远处……可以说，在草原上，禁忌无处不在。

草原上的鸟类很多，主要就是因为蒙古族人中有很多禁忌保护了鸟类。譬如在鸟类孵蛋时，禁止惊吓鸟类或毁坏鸟类的窝，否则会遭报应，自己的家也会像被捣毁的鸟窝一样；禁止猎杀、伤害、惊吓鹰、猫头鹰等鸟类，因为这类鸟是破坏草场的鼠类的天敌，所以是保护草原生态环境的功臣。在所有的鸟类中，蒙古族人还特别忌讳触犯一些鸟，认为一旦伤害这些鸟的幼雏或同类，它们就会不顾一切地报复伤害者。在蒙古族民间故事中，有一匹马捣毁了鸟窝，后来鸟群报复马群，把马群统统杀死。

除此之外，蒙古族人中还有很多生活禁忌，而今天的人们已经逐渐遗忘。如禁止奶里滴血或将血搅入奶里，白色的奶与红色的血混在一起是不吉利的；禁止任意丢弃哈达，哈达是最尊贵的礼节中使用的，因此随便丢弃哈达是大忌。陈旧损坏的哈达也不能随便丢弃，而要把它投入圣洁的火中，献给火神。

呼伦贝尔西博山，一只鹰在守望

赐予生命和财富的火神母亲

　　包括蒙古族人在内的北方游牧民族在冰天雪地的蒙古高原上得以生存并繁衍下来，首先要归功于火。因此，火在阿尔泰语系的突厥语族民族和蒙古族中受到特殊的崇拜，火被认为是生命与财富的源泉；火神成为神通广大的保护神；旺火象征氏族部落的延续和兴旺。而且，北方民族崇拜的火是铁石火镰打出来的火，而不是钻木取火，这一点是很特别的。蒙古族人的祭火词中无不提到火的创造：

> 以火石为母，
> 以火镰为父，
> 以石头为母，
> 以青铁为父。
> 青烟冲入云端，
> 热力透进大地的火……

　　并且认为这种火才是圣洁的火，是清洁的源泉。因此，古代突厥人和蒙古人中都曾经盛行过众所周知的让外来者接受火的洗礼以驱晦的风俗。

　　蒙古族人崇拜火并对火神有所祈求是因为把火神看作赐予者和保护者，火被认为是生命和财富的源泉和赐予者，因此蒙古族人的火神祭祀及其祭词的核心主题就是通过祭火召唤财富、福气和祈求子女。蒙古族民间除了一年一度的盛大祭火仪式外，举行婚礼时还必须要祭祀火神。婚礼中的祭火仪式与火作为家

祭敖包时往桑火中撒香料,让人、马甚至自用器物等沾上神圣的烟火会保佑平安

庭延续的象征及火促进生育的属性相关。

　　蒙古族人的火是女性和母性的象征,因此火能够赐给人们以子女,从而延续他们的家庭。蒙古族人祭火,除了召唤财富、福禄外,特别强调求子:

　　　　以青铁为父,
　　　　以燧石为母,
　　　　青烟穿透云霄,
　　　　热力穿透大地,
　　　　身披红绸缎的火神哟,
　　　　我们向您供养黄头绵羊的牺牲,
　　　　请您赐给我们,
　　　　长得标致的儿子,
　　　　美丽而贤慧的媳妇,
　　　　善良而漂亮的女儿,
　　　　坦率而俊俏的女婿吧!
　　　　我们上供黄油向您祈求!
　　　　请赐给我们安宁幸福!

在蒙古族人的祭火仪式中,献祭的对象是火神,献祭的主体是蒙古族牧民,他们对火神有着畜牧生产和日常生活方面的祈求,献祭的供品是黄头白绵羊的胸肉和黄油等畜牧业劳动成果。祭火仪式供品黄头白绵羊胸肉及其装饰具有很强的象征意义,并与祭火词的内容相对应:象征旺火,从而用红线包羊胸;牛羊最爱吃的草是鬼针草,因此把鬼针草供在上面;象征马、驼、羊群的繁殖盛旺,把一些特殊部位的肉供在上面;象征羊群覆盖大地,用白绵羊羔皮盖在上面。蒙古族人在祭火词中向火神祈求道:

当高高的苍穹,

只有蒙古包大的时候,

大地母亲"埃土艮",

被创造出来的火神母亲哟,

我们用两手奉着油脂献给你。

当须弥圣山,

只有小土丘的时候,

当汪洋乳汁海(古代印度神话中的海——引者注)

只有泥塘般浅的时候,

可汗用火镰把你打出来,

哈敦(夫人)把你吹旺。

以石头为母,

以青铁为父,

以燧石为母,

以钢铁为父。

青烟冲入云端,

热力穿透大地,

脸像绸缎一样光彩照人,

面庞像油脂般光华油亮的

嘎拉·嘎里汗母亲呀,

我们向你供奉油脂,

我们向你献上美酒。

当大海和江河

开始流淌的时候，

当蒙古各部族

还刚刚起源的时候，

我们就用鬼针草把你点燃，

用黄油把你加旺，

并供上了黄头白绵羊作献祭，

最为尊敬的嘎拉·嘎里汗母亲呀，

我们向你供奉油脂。

请你赐给我们勇敢的儿子，

赐给我们贤惠漂亮的媳妇，

赐给我们善良美丽的女儿，

我们把女儿养育成人，

让她们繁育后代，

我们把儿子抚养成人，

让他们成为家业的主人。

　　蒙古族人崇拜和敬重火，因此有很多关于火的严格禁忌，如不能在火炉旁边用斧子砍木柴和骨头；不能抖摇、搅拌有火星的灰烬，违则羊群丢散或人变得心烦意乱；禁止火里倒奶，违则牛羊的乳房肿疼、奶水减少；用刀子搅和火绝对是大忌，不仅会致使家族败落，而且伤害火神；禁止在火里烧脏东西和垃圾，否则火神会因为愤怒而离开；忌讳灶火里泼水，违则家族败落，若非扑灭灶火不可，应该提前说"请火神挪一下您的脚"以求得火神原谅；忌讳脚踢炉灶，脚踢炉灶是轻蔑家族、侮辱神灵的行为；禁止火中投盐，只能在禳灾除祸的时候把少量的盐投入火中进行净化仪式，平时如果火中投盐，将会惊吓火神。

蒙古人

多兰（陈岗龙）著，哈森译

1

蒙古人是成吉思汗
蒙古人是欧洲废墟

蒙古人是我一生阅读的《秘史》
蒙古人是拉施特的《史集》

蒙古人是冲决长城的洪峰
蒙古人是过早退却的浪潮

2

蒙古人是一条永生河流的彼岸
蒙古人是马蹄下两大洲的残图

蒙古人是射中靶心的黑翎箭
蒙古人是宁断不弯的硬筋弓

蒙古人是天窗框住的苍穹
蒙古人是马背驮起的世界

3

蒙古人是感情最短的距离
蒙古人是理性最远的空间

146

蒙古人是额尔古纳·浑挡不住的炎炎烈火

蒙古人是寻不到额尔古纳·浑归途的雄鹰

4

蒙古人是聚集的传说

蒙古人是离散的舛误

蒙古人是搁浅已久的船舶

蒙古人是北方高原年年骤起的暴风雪

呼伦贝尔冬季赛马

蒙古人是钟声中影影绰绰的寺院之顶
蒙古人是厌恶乌啼的苍茫信仰

蒙古人是被撕毁的遗书
蒙古人是被切开的苦果

5
蒙古人是竖写的文字
蒙古人是横写的历史

蒙古人是最美丽的诗篇
蒙古人是最朦胧的语句

蒙古人是最易讲述的故事
蒙古人是最易忘却的记忆

蒙古人是唱吟不尽的长调
蒙古人是不会哭泣的悲剧

6
蒙古人是黑白两色的素描
蒙古人是热膨冷缩的钢铁

蒙古人是盼着圆满的月牙儿
蒙古人是急于亏缺的满月

7
蒙古人是面对他人最诚实的话语
蒙古人是自欺欺人的最大的谎言

暮色中的套马手

蒙古人是咬破嘴角溢出的鲜血
蒙古人是散落残花上的泪水

蒙古人是宁裂不塌的岩石
蒙古人是易被溶解的冰块

8
蒙古人是十三世纪不朽的图腾
蒙古人是十三世纪已终结的战争

149

蒙古人是径自挥舞的苏立定
蒙古人是径自摔倒的搏克手

蒙古人是阴山山脉
蒙古人是阴山庇护下的青青马蹄莲

蒙古人是大风吹不倒的九斿旗
蒙古人是满德海夫人的背雪涤系

9
蒙古人是忘却的土地
蒙古人是无法舍弃的一把泥土

蒙古人是寒夜一堆篝火
蒙古人是夏日一派绿荫

10
蒙古人是未能流入大海的江河
蒙古人是渴望大海已久的江河

蒙古人是伤口滴血的太阳
蒙古人是泪洒如雨的月亮

蒙古人是马背上一闪而过的雷电
蒙古人是马蹄扬起后留下的灰尘

11
蒙古人是最自由的微笑
蒙古人是最敏感的沉思

蒙古人是伸向未来的万双手
蒙古人是凝望昨日的一双眼

蒙古人是马背上绝唱的苍茫史诗
蒙古人是马鞍上沉落的唯一过错

蒙古人是任凭世人评说的一个名词
蒙古人是并非谁人都可理解的定理

12
蒙古人是加过的油门
蒙古人是迅起的速度

蒙古人是渐渐模糊的旧体诗
蒙古人是呼啸而起的新树林

蒙古人是问号
蒙古人是叹号

蒙古人是飞翔的愿望
蒙古人是世间最后的句号

（注：原诗为蒙古文）

作者用蒙古语朗诵的《蒙古人》音
频，扫码可欣赏

其实，游牧文明说复杂也不复杂，由牧草、牲畜和人三者构成，一年四季的游牧时间就围着这三要素团团转，而其中草是全部游牧生活的命根子，游牧时间就是周转在草尖上。草原的脆弱，使得蒙古族人成为草场、牲畜甚至包括野生动物在内的草原生态系统的积极调节者，这种关系并不是像工业文明那样用技术和工具进行结构性的改造和调整，而完全是靠传统经验和生活智慧去主动适应。

今天，我们反思资源枯竭、生态破坏和人口爆炸及城市化所带来的各种问题时，开始发现和怀念游牧文明。它成为反思工业文明的一面镜子，映出与倡导享用和消费的工业文明价值观形成鲜明对比的价值观：可持续发展和人类与自然的和谐。

回望·沉思

献给游牧文明的，不是挽歌

蒙古族人的大地母亲——草原，实际上就是一个非常脆弱的生态系统。

站在工业的天空下回望：草原与游牧文明

回家的牧人和羊

154

成吉思汗征服过半个世界,从而改变了人类的历史。但是,成吉思汗从来不曾征服过草原,也没有改变过草原的生态结构。因为蒙古族人,包括成吉思汗,敬畏苍天父亲和大地母亲。蒙古族人的大地母亲——草原,实际上就是一个非常脆弱的生态系统,有学者称之为边缘环境资源。草原,虽然辽阔无边,花草芬芳,但是实际上却是最为脆弱的土地资源。据专家研究,我国最好的草原之一呼伦贝尔大草原,1米以下就是流动的沙子。草原一旦被破坏,恢复起来就非常困难,我国很多草原沙化就是明显的例子。

而千百年来，蒙古族等北方游牧民族正是用过去被认为是落后的"逐水草而居"的生活方式保护了异常脆弱的草原生态和资源。

但是，以往对游牧文明和草原民族的讨论，基本上是用"直线进化论"的思维，以农业文明和工业文明作参照，批评游牧文明是人类最落后、最原始的生产方式之一。或者从历史上某个阶段民族关系的角度笔伐游牧民族对农业民族造成的威胁和破坏。在以物质标准和生产力标准来划分先进和落后的"直线进步"的历史观中，一些文明类型被指为人类社会发展的重要历史阶段和主要发展模式，其中最明显的就是以科技和工业为标志的西方文明或者工业文明，长期以来被推崇为人类社会发展的理想模式。但是，今天我们反思资源枯竭、生态破坏和人口爆炸及城市化所带来的各种问题的时候，不得不重新思考工业文明是不是人类发展的唯一正确方向。在这个时候，人们重新发现了游牧文明这一过去被认为是落后和野蛮的低级文明——甚至是不是文明类型都产生过争论的文明。人们发现和怀念游牧文明，实际上是反思工业文明和全球化的产物，在这里，游牧文明成为反思工业文明的一面镜子，而游牧文明所体现出来的价值观恰恰与工业文明价值观（享用和消费）形成鲜明对比，注重可持续发展和人类与自然的和谐。

在工业文明再也无法维持可持续发展的时候，人们才想起了游牧文明。但是，当人类意识到这一点的时候也不得不面对游牧文明今天已经遭到破坏的残酷现实。以开发和消费的价值观主导的工业文明对草原的开采和以单位土地产值为标准的农业文明对草原的蚕食，使得游牧文明的空间日益缩小，而且在结构上发生了巨大的转变。今天的游牧文明，实际上已经失去了往日的生存基础。在经济全球化背景下一种文明类型代替另一种文明类型会引起不适，同时也暴露了游牧文明在现代化语境中的困境。在许多游牧文明中，地区的发展完全被经济驱动和市场左右，游牧文明区域只是简单的原料供应地，如羊绒加工业和保护生态的矛盾就是游牧文明被工业文明左右的结果。农业文明则是把小农经济的乡土定居模式强加给游牧文明，将草场开垦为农田，其后果是草原生态平衡的严重破坏和恶化。

逐水草游牧这种再简单不过的迁徙游牧方式，实际上是一种保持资源可持续发展的方式。而用"发展"和"开发"的标准来衡量文明程度的工业文明和农业文明，长期以来忽略的正是这种简单游牧生活背后的可持续发展的核心理念。

呼伦贝尔陈巴尔虎旗草原上的花草白云

157

草尖上的财富，在于不停地移动

在历史上，草场并不属于个人，掌握权力的王公也没有权力控制整片领地。

工业文明是把资源直接看作财富，从而进行开发、过度集中和消费，其后果往往是局部问题引发整体的失衡。游牧文明则把地区资源综合享用，不会把资源过度集中，将其作为直接开发和消费的财富，从而保证了地区的可持续发展。

在游牧民族那里，主要的财富就是牛羊，这些移动的财富，

远去的勒勒车

158

与农业文明和工业文明积累的财富有很大的不同。因为移动的特殊需要，游牧文明的物质用具都按照简单、轻盈、结实和便于迁徙的原则制造和使用。

蒙古包就是用木头和牲畜的毛制作而成，一是就地取材，二是轻盈方便。蒙古包内的摆设实际上更为简便，我们在中国南方家庭中常见的各种家具和名贵的瓷器是几乎见不到的。一般的家具主要是桌子、衣柜和精美的佛龛。在蒙古包里几乎没有奢侈的摆设。

草原属于整个游牧民族，不属于任何个人。历史上，伟大的成吉思汗开先河，元代蒙古皇帝的陵墓一直是历史学家和考古学家的不解之谜。实际上，从游牧文明的角度看，历史上蒙古帝王没有留下陵墓，可能就是不会用陵墓这种纪念碑性建筑来昭示皇帝本人对某个特定土地的所有权，而且游牧国家的领土应该是属于全民族的。在历史上，草场也并不属于个人，掌握权力的王公也不会控制整片领地，而只是利用权力占有最好的一片牧场而已。在游牧民族中所谓的权力并不是对土地的永久所有权，而是在辽阔的草原上自由移动的权力。如果失去了这种移动的权力，也就失去了草场，失去了经济命脉。因此，在游牧民族中，移动的权力就是移动的自由，而这种权力和自由都是有限的。这也决定了蒙古族人的财富是移动的，决定了他们对财富的根本观念。

蒙古族人因为生活迁徙不定，所以他们的财富经常随身携带。

对一个草原女人来讲，尊贵的头饰是她的嫁妆，也是她做女主人的标志。而对于草原男人来讲，一匹好马，一副漂亮的马鞍，一个鼻烟壶，一把蒙古刀，可能就代表了他的全部财富和社会身份。在那达慕比赛上看到自己的马跑出好名次，可能就是一个游牧的蒙古族人一年当中最幸福的时光。

千年的误解：游牧文明并非落后

游牧民族也有自己的人文、科学和技术，而且他们和农耕文明及工业文明的人们一样，珍视自己的文明并且传承了千百年。

在世界的眼睛里，游牧民族留给人们的印象一般不外乎是野蛮十足而侵略成性，游牧民族对财富的积累，主要是靠掠夺而不是靠自己创造。在很多人看来，游牧民族的文化是欠发达的，因此历史学家们一般认为历史上的很多游牧民族虽然征服过周围的其他文化相对发达的民族和国家，但是被征服者的文化最后却同化了征服过自己的游牧民族。

也有一些学者强调，在人类历史上，由于游牧民族的入侵，刺激了被侵入的国家和民族，从而积极推动了人类历史和文明的进程。这种说法确实有一定道理，但是其弦外之音依然是强调了游牧民族的侵略所造成的外在效果而忽略了游牧民族本身的创造性。

绘画《那达慕》，蒙古包多得像座城市

远眺曾经的蒙古都城哈剌和林

这些论点都是站在排除了游牧民族本身的立场上提出来的, 其中几乎没有考虑到游牧民族在和平历史进程中, 有没有自己的创造和发明。因此, 对游牧民族人文与科学的认识就成了一个很有必要认真回答的命题。

以西征的成吉思汗为代表的历史上的游牧民族, 真的就像人们所评论的那样, 是只知道侵略和掠夺, 而自己本身却没有文化和科学的野蛮人吗?

铁蹄震撼世界的时代已经过去, 历史舞台上的尘埃纷纷落定, 在全球化时代重提人类文化的多样性, 在人类生存越来越面临严峻挑战的今天, 我们静下心来认真思考, 以平静的心态去考察蒙古族等游牧民族的过去和今天, 我们却惊奇地发现, 其实游牧民族也有自己的人文、科学和技术, 而且他们和农耕文明和工业文明的人们一样, 珍视自己的文明并且传承了千百年。

游牧民族创造的科学技术的一个特点是经济、能源和生态三者的关系一直保持着平衡, 但是因为没有过多地去追求放之四海皆准的理论归纳和缺少注重外界评价的科学发明, 而没有引起整个世界和全人类的关注与讨论。

适应草原的科技与创造

游牧文明的科学和技术主要集中在游牧生产和畜牧技术上，而畜牧技术的进步和改良一直是蒙古族科学技术的重点。

人类的知识体系应该是多元化的，不能用今天的我们已经潜移默化地习惯了的西方教育和科学理念来衡量人类社会的一切知识体系和科学。就像电影《阿凡达》中所描述的那样，虽然人类凭着高端科技发现并到达了另一个星球，但是发觉那里其实也有自己的一套知识和科学体系，并与地球上人类的科学发明和网络技术没有两样。人类学家在东南亚土著民族中发现他们对植物种类的认识和分类远远超出西方现代生物科学的体系，惊叹不已。这说明，和我们认识人类文化的多样性一样，我们对人类科学技术的认识也应该是多样性的。如果说，过去我们崇尚的是高科技、高端技术，而如今人类尝尽了资源匮乏、环境污染和生态恶化等后果以后，对科学技术的认识就不得不有所改变：在人类社会发展、能源与生态的循环中应该怎样认识人类不同族群的科学和理念、技术和知识？正是出于这种考虑，我们考察游牧民族科学技术的时候，也应该回归到游牧社会的特定语境中去进行认真思考和重新认识。

游牧民族的生存基础是畜牧业，因此畜牧技术及其知识体系是游牧民族科学技术的核心部分。游牧民族的畜牧技术体系涵盖了牲畜的繁殖技术、与逐水草游牧的生产生活方式相适应的地理知识、气象知识、天文知识以及医学知识，这些技术和知识不仅用来辅助和促进游牧生产，提高生产效率，而且在必要的时候成为做出正确判断的科学依据和对付自然灾害的主要手段，从而有效保护牲畜，最大限度地减少损失。在工业文明的科学技术传输进来之前，这些畜牧技术一直是游牧的蒙古族人日常生

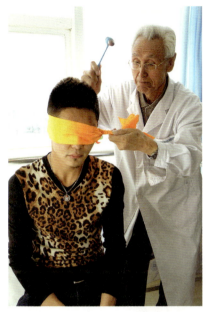

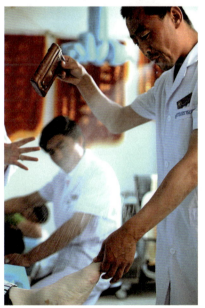

上图: 蒙医阿古拉的"震荡法"治头痛
下图: 蒙医喷酒正骨治疗

产生活和非常时期繁殖牲畜、保护牲畜的本土知识体系,并且依靠这种技术和知识体系,人畜与自然互相依赖,互相适应,走到了今天。

每个文明对科学技术的发展和侧重各有不同。与农业文明的种植技术、工业文明的工业技术和海洋文明的航海技术相比,游牧文明的科学和技术主要集中在游牧生产和畜牧技术上。畜牧技术的进步和改良一直是蒙古族科学技术的重点,长期以来五种牲畜的繁殖和改良技术集中体现为调控五种牲畜的繁殖技术。实际上这也是人主动与大自然适应又摆脱大自然控制的努力。蒙古族人对牲畜交配和繁殖技术的改进和掌握,实际上就相当于农业文明中水稻种植技术的改良,其中最主要的一点就是提高牲畜本身的质量,使牲畜更好地去适应严酷的草原环境,而不是一味追求短期的经济利益。同时,蒙古族的生物学知识也很发达。游牧民族畜牧技术的进步都是千百年来经验和探索不断积累的结果。在蒙古族科学技术的发展中基本遵循了适应自然环境的原则,而很少有改变自然和生态的"人能胜天"的做法。这说明,蒙古族的科学技术是在经济发展、能源开发利用和生态环境互相依赖生存的范畴内发明和实践的。在科学技术理论和实际应用两者的关系中,游牧民族可能更重视科学技术的实用性和实践性,理论概括方面做得不够。我们也不得不承认忽略了科学理论的局限性。

游牧民族还有一个显著特点就是能够吸收人类文明的一切优秀成果,这不仅体现在人文领域,也体现在科学技术领域。元朝时期蒙古族入主中原,疆域的扩大和东西方经济贸易和文化的交流,改变了传统中国的重文章轻科技的思想,西方的科学技术,天文、数学、化学、地理、医学等各方面的知识在中国传播开来并促进了中国社会的发展。这虽然和蒙古族没有直接的关系,但是,属于北方游牧民族的蒙古族统治者,从重视科学技术的使用和实践层面出发,影响了中国传统重人文轻科技的思想,却是事实。

在13世纪蒙古人西征的时候,蒙古人的骑兵、冷兵器和驿站制度(也有一些人将互联网的起源和蒙古驿站联系起来,但是我们对待这种问题一定要尊重历史和科学的事实,而不能从民族情感的立场做出轻率的结论)等都体现了游牧民族在科学技术方面的优越性。蒙古人把战争和火药带给西方世界的同时,也打通了东西方之间的文化交流和对话通道。但是时过境迁,人类日益面临资源耗竭、生态恶化等种种严峻的生存挑战,在霍金曾提出要提防外星人侵略地球并把外星人比喻为"游牧民族"的今天,我们不仅看到草原上非常丰富的太阳能、风力、水等可再生资源给人类带来的一线希望,在窥见经济、能源和生态三者之间保持平衡关系的科学模式的同时,我们还应该从全人类和地球能源与生态关联的高度,对游牧民族最低限度的资源内耗、人与自然和谐平衡的人文与科学理念,进行重新认识和定位。

现代教育和草原的焦虑

成吉思汗、苏勒德、哈达、马头琴，在城里读书的牧民孩子心里虽然知道这些是自己身份认同的根基，但是对象已经越来越符号化，他们只能通过书本学习来掌握，而不是心领神会。

牧民的孩子进城读书了，简陋的教室换成了窗明几净的教学楼，孩子再也不担心因为炉子没有牛粪烧而冻手冻脚了，教学条件着实改善了个天翻地覆。但是随之而来的问题，也让牧民皱起了眉头。孩子进城读书，成了牧民家庭的核心问题，家里有老人的，老人就跟着孩子到城里租房陪读；而没有老人的家庭，只能夫妻俩一个留在草原上放牧，一个跟着孩子进城陪读，或者干脆把草场租给别人，双双进城打工。孩子不仅远离了草原，而且整个家庭也跟着孩

布里亚特蒙古族
小学生们

子远离了作为生存根基的草原，最后多数牧民变成了并不合格的城市"游民"——他们永远无法融入城市，永远是蹩脚的市民。更严重的是，孩子虽然接受了现代教育，但是却逐渐放弃了真正属于自己的文化传统，他们从此永远离开了自己的民族文化的生活空间。人类学家马林诺夫斯基曾经举过一个例子：一个纯黑种血统的婴孩，被带到法国，在那里长大，和他在本地长大的同胞双生的兄弟，一定判若两人。他们所得的"社会嗣业"不同，各人学着不同的语言，养成了不同的习惯、思想和信仰，又被组合在不同的社会组织中。城里读书的牧民的孩子，实际上就是这样在自己的"文化婴儿期"就被带出原本的生活文化空间的。他们的学习空间已经和游牧的蒙古族人的生活空间和文化空间割裂开来，他们渐渐熟悉并迅速认同的是包括虚拟网络空间在内的现代文明，而草原和游牧文明正在远去。他们更愿意迷恋于网络游戏和目不暇接的虚拟空间，而草原、放牧等已经越来越淡化。我也经常听到年长的牧民叹息地说现在的孩子忘掉祖先传下来的礼节等各种各样的事情。譬如，谁谁的孩子拿到压岁钱的时候，不仅用左手接过来还对着光看真假，我的一个研究生是阿拉善左旗牧区长大的，至今接东西都是毕恭毕敬地双手接。我经常参加研究生论文答辩，有时候也碰到答辩通过的博士生给导师和答辩委员会的老师献哈达，还像草原上旅游点的礼仪小姐一样，哈达的口对着自己，把哈达套在老师脖子上。

成吉思汗、苏勒德、哈达、马头琴，在城里读书的牧民孩子心里虽然知道这些是自己身份认同的根基，但是对象已经越来越符号化，他们对这些符号，只能通过书本学习来掌握，而不是心领神会。这些孩子一方面接受了现代教育，一方面又努力学习和传承祖先留给自己的民族文化传统，但是现实却并不是平衡的，强有力的现代文明和现代教育实际上已经不知不觉地把他们的民族文化传统挤到边缘上去了。已经远离草原的孩子，已经全盘接受现代教育的孩子，提起成吉思汗，都会说"是我们伟大的祖先"的孩子——他们是蒙古族人无疑，但是他们又和草原上世代生息至今的他们的祖先和父辈们有了很大的不同。他们正在失去很多，他们面对现实又无奈。实际上，城市学校和全盘的现代教育已经把他们从草原带出来，一经走出，再回去已经很困难了。而父母为他们付出的代价，不仅是全部的生计，更是祖祖辈辈传承下来的民族文化。

游牧文明终结了吗？

蒙古族人把草原保留到现代，把人类历史上的重要文明类型——游牧文明保留到今天。当全球气候变化已经成为人类生存问题关键词的时候，我们才发现原来蒙古族人把他们的草原和游牧文明保留给了全人类。

写完游牧文明系列各篇，准备写这篇结语的时候，我犹豫了：写什么好呢？我能对游牧文明总结出什么吗？此刻，我只有沉重的心情和无法释怀的忧患意识。我只想问：我所描述过的美丽的草原和美好的游牧文明还能存在多长时间？是不是游牧文明实质上已经终结了？在一番赞美和回忆之后我们是否应该认真面对现实？

在游牧文明系列的写作中我一直有意回避"成吉思汗的遗产"这个中外历史学家津津乐道的命题。是的，谈游牧文明，谈蒙古族历史文化，怎能绕过成吉思汗所留下的历史遗产？因为成吉思汗统一蒙古各部，建立了强大的蒙古帝国横跨欧亚大陆；因为蒙古人西征，不仅给欧洲带去了战争和火药，还打通了东西方文化交流的通道，西方重新认识东方，虽然在这个漫长的过程中成吉思汗和蒙古人被妖魔化了。但是，正是因为蒙古人西征，中世纪的世界格局彻底被改变了，从此西方世界开始研究成吉思汗，研究成吉思汗留下的历史遗产，研究成吉思汗所代表的蒙古人在人类文明史上的影响和作用，包括野蛮的印象和负面的历史评价。我们只要翻开历史，就可以读到成吉思汗及其子孙在历史舞台上留下的深刻印迹。但是，是不是这就是蒙古人给全人类留下的全部遗产呢？

我的回答是，成吉思汗的遗产是历史学家眼中的遗产，而蒙古人给全人类留下的另一个更重要的遗产是千百年来他们用被认为是落后愚昧的"逐水草游牧"的生产生活方式把广阔的草原完好无损地保留了下来，一直到20世纪开始遭遇大面积的人为破坏。

游牧的蒙古族人在历史上确实没有创造出丰富的物质财富，也没有创立统辖全世界的制度文明，甚至有人说古代的蒙古人连

风雪中的马和蒙古包

一座大型桥梁都没有建造过。但是蒙古族人把草原保留到现代，把人类历史上的重要文明类型——游牧文明保留到今天。今天，当全球气候变化已经成为人类生存问题关键词的时候，我们才发现原来蒙古族人把草原和游牧文明保留给了全人类。今天，当我们大谈低碳生活的时候，才想到了森林和草原；当我们大谈环境与生态的时候，才由工业文明和农业文明的污染联想到了游牧文明的生态友好性。而这些都是游牧民族呵护并保留给地球和全人类的，其中包括游牧的蒙古族人。这就是游牧的蒙古族人的遗产，也是成吉思汗的遗产。

近来，内蒙古自治区在建设文化大区的过程中大力提倡草原文化的保护与建设。关于中国文明起源研究，学界已经逐步认可草原文化和黄河文明、长江文明一样，是中华文明的重要源头之一。在草原文化的提法中，经常有人对游牧文明和草原文化的概念混淆不清，更多的时候，人们容易用草原文化覆盖或者代替游牧文明。实际上，草原文化是区域文化概念，而游牧文明则是一种文明类型，两者虽然有交叉点，但绝对不是等值的。不过，"游牧"和"草原"正好是两个概念的核心要素，好比一枚硬币的正反面。而且，今天谈游牧文明和草原文化的时候，两者都有沉重的危机感。草原没有了，到哪里去游牧？游牧没有了，草原还有什么文化和希望？特别是，今天保护草原生态已经提到日程上，从专家学者到地方官员都在绞尽脑汁，寻找适合的方案，美国、澳大利亚和非洲的有益经验，也会被中国的草原生态保护工程汲取。但是，至今还没有多少人呼吁保护游牧文明和游牧生活方式，在草原上世世代代生活的游牧的蒙古族人已经逐渐被边缘化，已经离保护草原这个命题越来越远。其最主要的原因，就是我们社会对游牧文明的认识依然远远不够，在草原生态保护中根本没有意识到只有保护游牧文明才能真正保护和维持草原生态。一个世代生活在草原上的蒙古族牧民，对草原的认识绝对比外来的专家深刻得多。从这个角度讲，草原文化和游牧文明的保护都面临着共同的迫切命题：草原和游牧都需要重新认真审视，草原文化的核心价值观和游牧文明的核心价值观本质上是相同的。

费孝通先生提出文化自觉的时候曾经说过"美人之美，美美与共"。今天我们从文化自觉的角度看不同文明的时候不仅对自己的文化要自觉，而且对他文化也要自觉，这样才能做到"美人之美，美美与共"。但是，过去不同文明之间不是"美人之美，美美与共"，而是用自己所处的文明的价值观去评价与自己不同的文明，甚至用一种文明去代替另一种文明。具体说，就是用工业文明或农业文明单方面去评价游牧文明，去代替被认为"落后"的游牧文明，包括社会准则、价值观和生活方式。甚至更严重者，剥夺游牧文明居民的生活资料，强迫性地把自己的文明理念强加给游牧文明。这种不同文明之间的冲突和不理解，归根结底就是思想观念的冲突。工业文明和农业文明的技术和生产方式蚕食游牧文明世界的背后，深层原因还是不同文明世界的思想理念之间沟通起来困难重重。过去，工业文明和农业文明只是看到游牧文明的"落后"和"可开发"的资源，却没有把游牧文明的世界当作人类共同的家园来珍惜和爱护。其结果，人类最后的绿色家园也被破坏得所剩无几了。我们必须知道，每个文明应该自己决定自己的命运，而不是由其他文明来改变自己的命运。但是，我们过去犯过企图把游牧文明改变成工业文明或者农业文明的错误，想把草原改造成工业文明的大工厂或者农业文明的庄稼地。其结果，破坏了游牧文明的完整性，使本来就异常脆弱的草原生态更加恶化，使游牧文明本身的自我调节功能日益失去活力。

如果想理解一种文明，就必须要真正理解这种文明的核心价值观。今天的蒙古族人几乎只剩下马头琴、呼麦和长调。在草原上，因为生态恶化，草原面积不断缩小，更多的蒙古族人已经失去赖以生存的生活资源，不得不改变生活方式，被迫涌进他们本不喜欢的工业文明和农业文明的世界，成为一个个蹩脚的打工者。

游牧文明正在逐渐消失……

我们不要给游牧文明这样那样的模式，还是多听听蒙古族人自己怎么想的吧！

附录

2017年9月19日，"美在草原——《草尖上的文明》三人谈"论坛在复旦大学民族研究中心举行。复旦民族研究中心主任纳日碧力戈教授主持，蒙古族学者陈岗龙、著名诗人席慕蓉、清史学者定宜庄一行三人应邀参加。论坛受到复旦师生及闻讯而来的各界朋友的热烈欢迎。

缘起

陈岗龙

美丽却脆弱，对游牧文明的焦虑思考

关于书名，很多朋友都问过我，陈老师，为什么您的书叫《草尖上的文明》？它实际上写的是蒙古族的游牧文明，大家都知道电视片《舌尖上的中国》，我这个《草尖上的文明》比《舌尖上的中国》早，但是，书出来以后有一些热爱蒙古族文化的年轻朋友就给我打电话问："陈老师，书的内容很好，但是我对你的书名有意见。我们蒙古族是一个伟大的民族，在成吉思汗时代征服过半个世界，所以呢我们文明应该是马背上的文明，你为什么说草尖上的文明？"只有什么东西在草尖上？只有露水，是吧？那它是很脆弱的。那么，草尖，它承受不起有重量

美、脆弱、焦虑——关于游牧文明

根据「美在草原——《草尖上的文明》三人谈」录音整理

的东西，"那么您取这个书名的目的是什么？"我解释说："其实这就是一种焦虑。"

我这本书实际上是对游牧文明焦虑思考的成果。我焦虑的是什么？焦虑游牧文明是一个很脆弱的文明。大家都知道草原美，在你们心中草原是蓝天白云下的绿"草地"，对吧？但是我们今天已经看见，草原生态遭到了很严重的破坏，草原上有很多煤矿被挖掘，有很多的河流已经干涸了，所以今天再看到草原的时候，可能我们，有时候想唱歌，但是噎住了，唱不出来。更多的是一种悲伤的心情，更多的是一种焦虑。所以我觉得今天的游牧文明是非常脆弱的。

面对游牧文明，（我们有）从过去的骄傲到今天的焦虑，或者是对明天的一种忧虑，所以我取这个书名的时候，《草尖上的文明》里面就有一种生命中不可承受之轻的感觉在里面。

美丽

陈岗龙

美之力量

关于"美在草原"，这是好几年前我跟席慕蓉先生谈过的一个计划，从美的角度去讨论、认识草原，去认识游牧文明。今天看见游牧文明或者草原的现实确实很让人心疼，草原生态破坏了，我们看的时候，眼睛里肯定是（饱含）泪水，堵在那儿不让它（流）出来，实际上是泪往（心）里流的。那么这个时候我们不能老抱怨，不能说谴责谁破坏了我们的草原，我们再换一个角度，如果喜欢草原、认识到草原的美，这么美的草原还忍心去挖吗?忍心去破坏吗?从美的角度去说草原,可能比谴责或者谩骂更有力量,更有震撼力。

美,它是有力量的。我们(可以)从方方面面去看草原,比方说从文学(角度)去看,昨天穆伦老师(席慕蓉的蒙古族名字)在讲座当中说过蒙古族英雄史诗《江格尔》中对她的家乡的美好的描述。史诗里面没有冬天、没有酷热的夏天,只有春天,那么春天是什么呢?春天有细细的小雨、(和煦的)微风,这是一个非常美的故乡或者家乡,我们向往的就是这样的一个家乡,还有各种各样的视觉艺术角度。去草原特别喜欢蒙古包吧,蓝蓝的天,绿绿的草地,洁白的蒙古包,(很美)对吧?但是,冬天零下三十几度的时候,草原上的蒙古族人在蒙古包里怎么度过严寒的冬天?用他们的精神力量,当然还有火。围着火,演唱史诗。史诗里蒙古包的描写跟宫殿一样美丽,就是用这样美好的修辞把艰苦的生活美化了。我觉得这就是他们在草原上继续生存下去、继续热爱草原的一个因素。蒙古族的传统当中所有的一切都是赞美,不是谴责不是批评,包括今天的很多蒙古族文学作品,都是赞美为主的,美好的事情他都要赞美,而批评的是比较少的。当然批评不是没有,但是主流还是赞美。我们有这样一个传统。

为什么不用审美的思维去思考草原、思考游牧文明,然后把我们的思考告诉大家,让别人也跟我们一样重新去审视草原?美的草原和文明,给人类带来的不是让大家都去放牧,而是它的理念、它的价值观,我觉得对于我们今天是有用的。来到上海,来到复旦大学,这两天我们在街上走走,其实在大都市(的感受)都一样,水泥森林差不多都一样,我们会有各种各样的压力。这个时候,我们换一个思维方式,用草原、用游牧文明的一些理念来思考我们的生活,思考我们今天人类的命运或者今天的社会,我觉得对大家都有帮助。

席慕蓉

美之草香

夏天有时候我们会在草原上走，当我有一次经过蒙古国的北部库斯古勒省的时候，那个草原美到不行，还是香的。为什么走起来草原会香呢，因为草原有香草，三五种不同的香草，你的脚走过去的时候它就折断了，折断了那个香气自然就扑鼻而来，一路走（的时候）就想：我一路走下去不回去了……

陈岗龙

美之心态

你碰到一些事情可能对你的人生产生一些影响，有些可能一生都忘不掉。游牧文明或者草原上的一些做法有可能无意当中就给你很大的一个震动。比如说前一段时间我跟一些同事去乌兰巴托，我那个同事发现两个问题。一个是这样，那天我们开车出去，下雨了。所有的蒙古人呢，下雨了都没有拿雨伞，就在那雨中，很自然的，也没有人往前跑。我那个同事就问："哎，这些人为什么不怕被雨淋着，他们为什么不跑呢？"因为我在乌兰巴托待过，我就告诉他："你再跑前面还是在下雨呢！"所以用不着跑，保持一种很自然的状态、心态，接受这雨。我们在上海也好、北京也好，一堵车，司机肯定开骂是吧，但是在蒙古国的乌兰巴托，堵车堵得很厉害，但是开车的人一点都不着急。都那么笑着，大家非常配合，跟旁边的人打招呼：（叫一声）"哥哥"或者是"弟弟"，这样就过去了。我觉得他们已经养成了一种心态：你不要着急，你一定要包容。包容，可能大家一起就把难关给过去了。

还有一个是什么呢？我们这个族群里面没有找到的东西，有可能在另一个族群里能找到。土著民族当中找出一些善良的东西，实际上它不仅是你找到的这个民族的东西，它可能是人类共同的财产：我在生活里面应该有一个什么样的心态，或者是我（应该）保持一种什么样的价值观。有一次在蒙古国去一个旅游点，我们离开的时候（跟对方）有点小摩擦，开车走了，我往后一回头——跟我们拌嘴那个女的还拿着奶在我们后边洒奶呢。这是蒙古人的习惯，一个人出远门、走路一定要给这个人洒奶——之前我们实际上是生气了，但是她还是不忘给我们祝福。这样一些东西可能就是一个信仰，或者是一个民族保持的东西，它不是刻意去表现出来的。因为我们的车已经很远了，我们也不一定去看，可她还是做完了这样一个仪式。

我们生活当中不一定把它当成一个模式应用上去，但它给我们一些参考。

脆弱

席慕蓉
生态之脆弱

说到脆弱的生态，我想其实我们有点太骄傲了，我们不知道先民的智慧是多么的厉害，以为只有我们现在才会思考，我们现在才会组织，我们现在才会建设，我们现在才能够想方设法地去应对难关……开玩笑啊，我现在就想跟各位说，如果现在就有一位，即使是健康状况很好、身材高大、很有力气的男孩子或者女孩子，你到草原上去走走（看）……你看到的草原的夏天是很美的，可是就算你是一个这么有力气、这么活泼、这么乐观、这么健康的一个人……你去横过一片草原,我不要说一天一夜,仅仅两个钟头,你就知道它的辛苦。所以蒙古高原上有一个谚语:"人生最悲惨的境遇就是少年的时候失去了父亲,中途的时候失去了马。"所以如果没有一匹马作为你的伴侣,你去走一下草原试试。

当然夏天有时候我们会努力地走,但是我不知道草原有一个骗局。在蒙古国和林故都的时候,我就往前面走,那时候还是1990年,和林故都的周围还比较荒凉,而且没有什么很特别的,只有几个旅馆在那里。我们走到一个地方,(开车的同伴)说在这里等你们啊,送你们回旅馆。我回头看看那个旅馆就在那儿嘛,我说不用了你回去好了,我们等会儿自己走,结果我从下午两点钟走到四点五十几分还没有到,它还就在我前面,很近了,近得不得了,可我还得走走走,最后我觉得我是走到腿都断了。草原有一个距离上的"感觉",就是中间没有任何的十字路口,先是走三条街或是五条街,我就知道五条街对我太长了,三条街可以,那个草原没有街,(看上去)它就在那里,近得很,可你就是达不到。这是一个草原"骗局"。如果有一匹马,那又不一样了。

这就是说,这个草原为什么不仅仅是蒙古族人的草原,因为蒙古族——现在代表游牧文化的蒙古族的身上,其实带有几千年、甚至上万年以前的在草原上生长的游牧民族的基因,所以蒙古高原不仅仅是蒙古族人的。蒙古高原是谁把它走出来的?应该是从新石器时代开始,甚至是旧石器时代的晚期,(纳日碧力戈:"草原还有细石器时代。")还有细石器,所以草原是从细石器时代开始的。(定宜庄:"还有红山文化。")先民的智慧如果我们从1万年以前,或者从冰河时代结束算起,我是觉得红山文化里的农耕,或者对宗教的一种热烈(情感),其实在现在的蒙古族身上还有同样的影响存在。

但是呢,草原的生态变了,从温暖变成比较寒冷了,那么,要怎么过?草原的土层——其实本来亚洲的西北部的土地就是比亚洲东南部的土地要薄一些、脆弱一些的。有一位朋友说：佛陀很怜惜这个土地，所以佛陀走在大地上，他的脚步都放得很轻，他怕土地会疼，所以我走在上面脚步要放轻。那我想，如果佛陀走在这个越来越脆弱的蒙古高原土地上的时候，他的脚步不知道要放得多轻。可是，这个脆弱的生态原来是不容易让人存活的，而游牧族群的先民如何发现，我们要让这个草原上的草继续成长，把它吃到完全没有就来不及了，所以在它还有生命的时候，还有余存的草量的时候我们就得搬家。司马迁的"逐水草而居"讲得太简单了，这么多年来，只要一说游牧民族都是"逐水草而居"，好像司马迁先生讲的这句话就够了。它不够哎！逐水草而居的原因是，要一个大的循环，让这个土地可以休息。是谁想出来的——就是游牧民族的先民。我知道现在放羊是说从这边这条路出去，要选择那边那条路回来，他有毛病吗？他为什么不选一条近的直去直来的（路）？因为牧草不是我们种的，牧草是自己长出来的，所以这一块地方的牧草有营养，那一块的牧草有别的营养。整个蒙古高原上，一般来说有600多种富有营养的、各种不同营养的牧草，所以呢，你放羊，或者你牧马的那些路径也要挑选，因为牧草不是你种的。

我认得一位年轻的蒙古族的医生，大家很喜欢他像神医一样的治疗（医术），他想要去买一块草地来种药草，然后他发现，药草不是你要种它就会长的，有一种药草是每年的阴历四月初一，下雨的话，它长一年都不谢，但是四月初一不下雨，四月初二才下雨，它就不长，一年都没有。那我前一天多浇点水或者怎么样，没有用，他说要天上下雨，如果四月初一下雨的话它会长一整年，采都采不完（否则就是不长）。所以大自然，我们回到陈老师说的，大自然这个生态不是我们这个小小的人类可以完全了解的。我们真的不知道这样的生态要怎么应付，但是我们的先民知道，要保护这块还有生长力的草原，那得搬到另外一个地方去。

复旦大学的一位教授研究说，游牧一般分春夏秋冬四个营盘，在夏营盘里面，呼伦贝尔草原的牧民一个礼拜要搬一次家，我们（本来以为）一季一个营盘的话大概3个月搬一次家，但是他（的频率）是一个礼拜搬一次，搬迁的原因（就是为了保护草原的生长力）。

定宜庄

文明之脆弱

我到草原的时候是1968年，我在那儿待了6年，我回来是1974年。这6年是包含在（"文革"）十年里的。在那十年里不允许蒙古族人唱他们自己的歌曲，也不允许举行很多蒙古族的仪式。我记得我们那儿有一个年轻人最喜欢的事，就是过春节。我们把春节叫作查干萨日，一到查干萨日，大家尤其是小姑娘最喜欢骑着马去串营子，一家一家地去。那个地方的牧民最喜欢女孩子，这个也是少数民族的一个特点，我们满族也一样，对女孩子比对男孩子更好，所以女孩子去串营子会得到很多的礼物，包括炸好的我们叫"包包"啊，还有一些糖果啊，所以我们最兴奋。（席慕蓉："那是因为他们（牧民）有一个过年的时候如果有女孩子来是吉祥兆头的想法。"）我也一样，因为每次都能得到很多别人得不到的好吃的。

可是呢那一年有一道指令来了，"抓革命，促生产"，不许串营子，也不许举办查干萨日，今天都得去干活。她们也给我准备了漂亮的蒙古袍、漂亮的腰带，可也都不许戴，所以我们当时就是生活在这样的环境下。我后来对蒙古族的祭祀（习俗）也好、很多的歌曲的了解，是经过德国海西希的《蒙古的宗教》看到的，可是陈老师的书呢，它是以一种不那么学术，而是我们大家能看懂的方式告诉我们：它（指的是祝赞词）主要不是唱给（人），它是唱给神听的；它是为自己唱的，它不是为了表演而进行的。像这样的一些（祭祀民俗），我非常感兴趣。而我在那儿插队的时候，这些东西都被禁止，虽然它还在顽强地表现出来，可是这种表现毕竟还是受到限制的，很多东西是不能够看到的。

到改革开放以后，这些（文化习俗）得到重建，重建的已经跟原来的发生了断裂，这个断裂我觉得很可怕，也很可惜。而且现在，由于各种原因，我们不敢回头、不敢思考。重建的时候，我觉得还出现了太多的误区，为了商业、为了赚钱、为了旅游。我举一个例子，回内蒙古的时候，发现可以进敖包了，大家都特别高兴，而过去如果女人（是不能上敖包的），只能男人上。这是当年的规矩，但现在谁上都可以，大家可以随意上去了。所以我现在最怕的就是，到草原以后，去看那些商业化的旅游点，不再是原来应该有的样子。它被重构的时候，出于很多的（其他）目的。

我自己觉得，看一看像（陈老师写的）这样的书，认认真真地从草原上生长出来的人写的、从大自然里头形成的书，比你到一个地方去骑骑马、跟着在敖包那儿去转一圈，觉得就是去了内蒙古了（有意义）。一个文化绝不是表面那样，它有很多很深刻的东西。为什么草尖这么重要，草尖实际上是一种物质文明，是一种生活的、物质的东西，而任何一个民族、任何一个人生最重要的（基础）都离不开这个。

焦虑

陈岗龙

不仅仅是蒙古族人的

我们为什么焦虑游牧文明？在座的我是蒙古族，席慕蓉先生是蒙古族，作为蒙古族人，这是我们祖先千年来传承至今的文明，它快要消失了，我们肯定焦虑。但是我们的焦虑不仅仅是单一的一个蒙古族的焦虑，《草尖上的文明》这本书的序言里席慕蓉先生说过："草原不仅仅是蒙古族人的，它是全人类的。"那么同样，这个游牧文明，也不仅仅是蒙古族人的，它也是全人类的。所以呢，应该像纳日教授一直提倡的"美美与共"，（按）这样的理解去对待不同的文明、不同的文化。我们今天对游牧文明的这个焦虑实际上是一种跨越或者超越单一民族的，背后是对人类共同命运的（担忧）。因为如果草原没有了，那以后我们的生态就不行了，受到这个伤害的不仅仅是蒙古族人，我们周围的很多民族、很多族群都会受到连带的伤害。

席慕蓉

请给我蒙古族人的马头琴曲和蒙古族长调

今年的9月6号我在赤峰，一位马头琴手，额尔德木图，拉那首蒙古国的作曲家作的《余烬》，我昨天问有谁能在网络上找到，结果有人在网络上找到那位蒙古国作曲家赞参诺日布作的交响乐。可是不一样哎！我想说交响乐我当然没有完全去听，因为我心里想的要的就是马头琴的声音。很多人觉得那个声音是单一的，所以如果要进步，如果要规模更好——对不起，我一定会说错话，因为这里面有例外，我必须说很多事情也许作了交响乐会更好，但是我觉得为什么马头琴本身就不能单独存在？为什么在草原上一把马头琴可以把我们所有的感觉都演奏出来？为什么你不能安安静静坐下来听这个马头琴所奏出来的，一直不断地重复，一直不断地往深里走，一直不断地触碰你的那个旋律，而要改成一个交响乐？

我真的有过很惨痛的经验，我买了——那时候还是录音带，听到第一声，长调的唱法唱出来，我说我要了，根本没听第二声。等到买了录音带回家去，然后再一放，第一声的长调还是感动，连我的孩子都安静下来听了，然后第二个小节，所有的乐器都加进来了，现代的或者什么都加进来了。我跟我孩子一起泄了气。我有没有权利听一个从那么古远的时代传下来的音乐？有时候增加等于毁坏，当然减少有时候也可惜。它能不能不被你增加，不被你减少，保持原来那个声音出来，让我知道草原的声音？那个语言本身，已经得到全世界的认证。其实蒙古族长调已经是非物质文化遗产，有人听过，有人没听过，有人称赞，有人说不怎么样，可是你如果听到真正在蒙古族的文化里长出来的一个人唱蒙古族长调，那真是生命里面很难得的经验。

我前一阵子，当然我以前也听过那样的唱法，在赤峰的一个大家聚集的场合里，他们请了一位公认的很会唱长调的歌者唱，他唱长调的第一声，（哽咽）我的眼泪就掉下来了，因为是我等了很久想听的声音出来了，我的眼泪就掉下来了，觉得简直（是）谁给我的礼物，让我能听这样一首歌。听完了这一首长调，还来不及表达我的感激的时候，那位先生就开始唱——也是开始的一段蒙古文的，然后他就用汉语翻译的——同样的旋律，同样的音符，什么都不是的东西。

那你说，你（指自己）是对汉文有仇吗？不是，我对汉语没有仇，我这辈子所受的唯一的教育，我唯一能够把自己表达完整的就是靠着汉语给我的教育，我对它没有仇。可是，另外一个独立的语言，你可不可以让它（完整表达）？——所有的音乐要从母语出来，那个母语是你，我想人类学者也承认吧，你整个生命最开端的时候接受的表达你的感情的语言，就是你的母语啊。你用母语唱长调把它唱得这么好，你为什么要把它翻译成无法表达的其他语言来唱呢？

他最后过来跟我打招呼的时候，我说能不能跟你说一句我心里的话，长调是有生命的，长调是从草原上长出来的，长调，你不能把它改成其他的语言。我说请问哪个意大利的有名的歌唱家，他到我们这里来，他会唱我们的《茉莉花》讨好我们，他会把他的意大利的歌曲转成汉语吗？那除非是为了讨好，其实就是毁坏吧。

有一个很恐怖的事情，就是我们现在很多人觉得这个孩子声音好，蒙古族的孩子声音好，唱长调唱得好，我们把他送到学校里去学。当然学校里可能有老师是专门以长调的教法来教这个学生如何发声，但是在现代的，包括台湾的音乐学院里，所有的人要学（演）唱要先学意大利的美声唱法。意大利的美声唱法就是说把一个人变成一个发声的器具吧。（唱长调时）那个人声是用我的各种呼吸方法，或者老式教学法，我能够把声音发出来让我们很远就听得见，或者是可以无限地表达那个强烈的感情；但是学了意大利美声唱法的人没有办法再唱，不要说我们的乡下的小调有些唱得也是莫名其妙，而是绝对不能再唱长调了。短调的发声法也许还可以，也许还可以让它声音大一点。我其实认得很多很多的朋友都是声乐家，但是我常常跟声乐家说你们可不可以用别的方式唱别的歌，发声的方法有千百种，而蒙古族长调的方式就是刚好跟这个意大利的美声唱法是格格不入的。所以如果有一个人已经学好了那个发声法，美声唱法，他来唱长调的时候，我一句话也说不出来，就觉得好可惜啊！

这个世界上为什么没有人知道我们原来的、真正的那个在草原上对着自己——像您（陈岗龙）说的，那个歌是对着自己唱的，对着上苍唱的歌，对着所有的大自然唱的歌，那个方法，是你蒙古高原的人独有的，你把你独有的唱法给舍弃了，是很可惜的事情。所以我想就是在教育上面，我们也受了很多强势的所谓主流的一些干扰，但是在长调这个里面，它是另外的，它是不能受干扰，不能受其他方式影响的。

所以我想，我要做的这个事情就是，我尽我所能的把我对长调的珍惜告诉每一位唱长调的歌者，或者是每一位拉马头琴的音乐家，跟他们说——蒙古族人，或者是游牧民族的发声法，游牧民族自己的对这个曲调的诠释，是世界上独有的，因为别人不知道。

如果说,你跟我们不一样,你这样发声法不合我们的习惯,所以你得被我们改造,我想唯一的方法就是要用这种得罪人的方式,得罪我的很多声乐界朋友的方式说,不要来碰蒙古族长调。我不是对其他的音乐有仇,我很爱其他的音乐,我也很爱我的声乐家朋友们,但是请你们不要来碰蒙古高原上的长调。

席慕蓉

与大自然的和谐共生,还可以回去吗?

我们不要怀疑先民的智慧,比我们厉害得多。那个先民想到怎么解决问题?萨满教是草原文化的一个核心,因为萨满教的核心是什么?和谐。跟谁和谐?跟宇宙万物和谐。我们常常说,万物有灵这个太愚昧了。进山拜山神,去砍一棵树要先去拜一下树神,他们认为好像万物有灵是迷信。但是万物有灵这句话的后面是什么?是众生平等。所以你有活的权利,我也有活的权利。进山为什么要拜山神,我跟山神说,对不起,我要活下来,请让我从这里面拿一点东西。像鄂伦春人,或者是鄂温克人,这些在大兴安岭生活的人,他们把熊猎杀了,可是心里愧疚,所以萨满教的赞歌里(会说),我们是不小心的,我们原来无意于此的,再把它的皮和骨头放在树的高处,说你回去坐你的位置吧,你好好走吧。那就是心里面的一种愧疚,而这个愧疚现代人是没有的。这个就是我们所说的,游牧社会里面保留的人类慢慢进化而来的那种美德——就是合作,知道别人也有生存的权利。在困难的时候想办法一点一点地,比如说像这样子的迁移法,像这样子的居所,其实都是在萨满教的教义里慢慢发展出来。那个穹庐,就是我们所说的毡房,其实就是想要学那个大宇宙,天是圆的,地是平的。所以我们的毡房,我们居住的地方,也变成一个圆的(顶),底下是平的,就是希望那个大宇宙看到我的小宇宙以后,会觉得欢喜,让我好好地生活。

我跟克什克腾旗的一位摄影家合作,已经两年了。我请他追踪几组马的家庭,再(积累)一两年(之后),用他的摄影(艺术)表达马的生活群体,然后我用我的文字为它们做成短的注释,后面再写蒙古马——我所能够找到的一些蒙古马的文化。他拍马——小马时,不去拍马的生产过程,因为那是干扰。所有的母马在生产过程中都会在一个——而且都是在凌晨之前,最黑暗的时候——别人找不到的地方生下它的小马驹。这个是前提,他说原来想去找,找不到,永远找不到,找到的时候小马驹已经生下来了,在母马的旁边。那这个母马就等,等什么呢? 等这个小马驹慢慢站起来,四只脚站起来以后,能够站立了,然后就走了。所以我们人的童年是太长了,马的童年——婴儿期未免太短了,几分钟之内,它站起来以后,就可以跟着妈妈走了。

我们追踪5个马家族,但是我们介绍的可能只有2个马家族。这次我终于拿到他拍的19000张底片,这个责任在我的身上。我要去选这些底片,把它编成一本书。我们连书名都想好了,我们的牧马人,他的名字叫"青格勒",我们就跟着这个牧马人的名字叫《青格勒的马群》。最近拿到这些底片的同时,我觉得我的责任很大,我想我怎么有办法在一年里面把这本书编出来,可是叶老师(叶嘉莹)说——这是最好的事情,是宇宙间最神秘的、最神奇的、最珍贵的事情,她说"你一定要做好",因为我们现在越来越少的人知道马的家庭、马的成长过程。

我现在不能讲下去,讲下去就没完没了地要讲,但是我还要说一点什么呢——先民的智慧是在困苦的环境里,不断找出草原保持生产力的方法,靠的是正如刘书润老师所说"草原能够保持生产力,是要靠着牧人、牲畜和草原三者一起的合作"。他们的智慧在几千年几百年不断地变化,我马上就遇到了一个,就是我们拍小马驹半年了,突然青格勒说,不行,要断奶了。小马驹在妈妈的旁边,长到一半的感觉,有点力气,就会被

184

附
录

（赶出去）。就这一个小马群里面，我还是要讲，一匹种马有本事的话，可以娶到二十多个"太太"；没本事的话大概十几个"太太"或者三五个"太太"，那你想问种马是什么意思？其实在马群里面，管理马群的是一匹一匹的种马。所以一匹种马它要管理二十多匹骒马，骒马就是母马。然后呢，种马我们叫儿马，儿子的儿，生下的孩子，小马呢，大概一年20多匹。因为母马一年怀孕一次，怀孕大约是10个月左右，生产期都在春天。一个蒙古马家庭在前面走着，搭配有一匹母马，骒马领头，然后其他"阿姨"啊都在旁边，那些小孩子们都跟着走，然后后面就是那个儿马——一家之主，真是漂亮啊，负责任、有魅力。这个负责任的儿马是有魅力的，因为它有一个大家族要管，它有威权。而其他不能做儿马的做了什么呢？就去进入"职场"，被人乘骑，去打仗。所有的战马都是阉过的，不会生育的。我讲给南京来的一位诗人听，那位诗人听了以后简直（觉得）是世界末日，他说那我以后怎么形容战马？！"威武""勇猛"不都没有了吗？我说那个马，战马在战场上威武、勇猛是一模一样啊，而且对主人忠诚，就是主人负了伤，很多歌（唱过）战马会把主人带回家——负了伤的主人或者是死去的主人。

我要回来讲就是这个断奶，20多匹小马，硬是想办法制服了，圈在一个栅栏里面，然后母马跟着整个大马群上山了。我说："为什么你要给它断奶呢？"他说："以前是不断奶的，草原生态好的时候，因为一年生育一次，母马在生下它的第一个小马驹的时候，过一阵子就怀孕了。等到它第二年春天生第二个孩子的时候，它第一个孩子自然就断奶了。"本来也是，就开始吃草了啊，所以就跟妈妈，因为妈妈要照顾第二个孩子，所以也没有断奶之说，老大自然知道我要让位了嘛，要让位给老二。可是现在草原太坏，草不够，所以母马在怀孕到半年的时候，小马才半岁就必须要隔离。小马在圈马的有足够的青草供应它的地方，主人供应它，养这个老大。老二呢，因为在妈妈肚子里面，让妈妈吃的营养呢足够供应给老二，大的马群上山时，母马偶尔回头叫一叫——那个老大在哪儿，老大在哪儿?——叫一叫也就算了,也就跟着马群走了。可是可怜的老大,20多个老大,姐姐或是哥哥,从来没有离开过母亲,哭哦。我那位摄影家朋友的太太录音了,她录音给我听,哎呀,那20多匹小马不同的哭声,哭三天三夜,叫妈妈。我想跟您分享的意思就是说,我原来以为是很残忍的事情,你为什么一定要给它断奶,为什么不让它吃,可是这也是由于我们(导致它们)面临困境了。草场的现状是或者干旱,或者被开发,或者变成了煤矿,还有铁丝围栏的关系,草原不但缩小了,而且也退化了。草场退化了,我们的牧马人还是要想办法来应对难关。在几千年里面一直有难关,一次一次地渡过,一次一次靠他们的智慧。那这个断奶,我问开始(用)这样的方法多久,他说最近十年。十年以前,一匹生下来的小马,可以高高兴兴地跟着母马、跟着妈妈,等到老二生出来才让位。可是现在,小马驹就要面临哭三天三夜的痛苦——为什么把我关起来,为什么不给我妈妈,我的妈妈去哪里了?摄影家拍到了那个小马驹,眼神呆呆的,往栏杆外面看,像是在问:"妈妈在哪里?"所以我想要说的意思就是,有难关,现在还是有难关,但是我们游牧族群、我们游牧民族天生的要面对难关,解决难关,想出办法。我们尽管焦虑,还是要想办法渡过这个难关。

《草尖上的文明》三人谈现场留影

附

录

游牧文明——该如何定位?

陈岗龙

以生活方式延续,细节处见其价值

表达对游牧文明的一种认识,我想以小见大。这本书里没有写很壮阔的大的题材,写的都是小的、蒙古族人游牧生活中的一些细节,甚至是大家不太注意的一些东西。我觉得一种文明的内涵可能都深藏在这些细微处,如果不认真观察很难发现的细节当中。比如昨天席慕蓉先生在讲座中说过苏勒德,她说这个不是蒙古族人所独有的,同样,我这本书里写的游牧文明,不是蒙古族人独有的,很多的北方民族都有游牧文明,他们都是游牧民族。但是有一些民族,把原来的文化和文明放弃了,换成另一种文明。为什么我用蒙古族人的生活来说明游牧文明? 就是因为蒙古族人一直把以游牧文明为基础的生活方式坚持到今天。所以我觉得价值就在这里。

过去可能游牧文明被认为是跟着牛羊的屁股后边,靠天吃饭的生活方式,是落后的,没有城市,没有工业。但我们今天看到的很多事情,比如说我们认为人类社会发展的高级阶段的工业文明,在取得巨大成就的同时,也给我们带来了严重的后果——生态的污染、资源的枯竭,促使我们反思。在反思的过程中,我们重新认识了游牧文明的价值。当然,我们的目的不是让过去从事游牧生产的这些民族重新回到草原,重新住到蒙古包里生活,而是什么呢? ——让更多的人正确认识游牧文明,认识游牧文明的价值观。这个价值观是什么呢? 就是人和自然的和谐,或者是天人合一。

工业文明(的优越性)、人力胜天这些观点实际都是我们的生活方式当中的人类中心主义。我相信在座的都知道文艺复兴对人的解放,人道主义给人类的发展进步带来的巨大的成就,但是,这个扩大以后,实际上(演变为)以人为中心,就是人太大了,是不是啊?这里面就忘记了,人,是自然界当中的一部分,在这个生态链当中,人的环节放大得有点太过分了,忘记了跟我们一起的生态链当中重要的其他因素。实际上人、自然跟牲畜,这几个都是生态链当中的重要的环节,这是我们重新认识游牧文明的关键点。

昨天,席慕蓉先生在讲座当中也对"原始"这个概念做了重新梳理,如果在人类学文化相对论的前提下讨论,我们可能对"原始"这个概念提得越来越少,很多的原始文化、原始部落今天不提了,但是昨天席慕蓉先生讲的"原始"不是贬义的(概念),它是褒义的。它是什么呢?——我们更接近自然的这种状态。游牧文明的一些特征正好符合"原始"的概念或者认知。所以我觉得游牧文明的价值我们应该从这方面来挖掘。

定宜庄

若非深刻的吸引,怎会不断地回到草原?

这几天我看了陈老师的书,听了席老师的演讲,我在想一个问题,就是它在什么地方吸引我?什么事儿让我这么受吸引?昨天席慕蓉老师讲,到这个年龄,那么艰苦地从台湾辗转回到草原,可是她还会十几次几十次地再回到草原。席老师为什么会不断地回来?

我一直觉得我是在草原上长大的,我的成年礼是在草原上完成的。我们这些知青现在也到了60多岁,为什么我们也年年回去?我们这里面绝大部分不是蒙古族,可是我们年年要回到草原,很多人甚至退休了以后半年半年地住在草原,在那边有房子。我在想到底受的是什么东西的吸引?我们为什么会受吸引,对草原、对蒙古族人、蒙古族的文化会有这样一种感情?

附

录

陈老师讲到,草原是一个脆弱的生态系统,这句话里的"脆弱"对我来说,一下子就给我一个"撞击",因为这个东西很少有人提到,我们从小学到的人类进化论大家大概也都知道,原始社会,奴隶社会,封建社会,资本主义社会。在这个进化里面,草原牧业作为一种很落后的发展阶段,发展到了一定程度以后,就变成了农耕。于是呢,我们根深蒂固地认为农耕就是比游牧要更高级的一层,定居高于游牧,农耕高于草原的畜牧。

费孝通先生提出来的"多元一体","多元"我觉得它是特别特别重要的。我们要认识到这个多元,我觉得陈先生的这本书就给我们一个很好的、具体的东西,细节其实是最重要也是最有趣的,给了我们另外一个文明是什么样子的说明、展示,而且是用那么美的语言给大家展示出来的。

这个世界是多样性的,而且它是有差异的。这个差异不是说这种就高、那种就低的。这不仅仅是年轻学者的训练,我觉得应该也是一个做人的训练,容纳不同的文化,容纳不同的民族,容纳不同的感情和不同的表达方式,尤其还有不同的语言。不用自己本民族的语言是没办法表达本民族的好多情感、好多文化,甚至好多的政治制度,这些通过另外一种语言,是不能说明的。

陈老师的这本书里,他很充分地讲了,什么样的文化是多样性的。他讲到移动权和居住权的区别,游牧民族跟汉族在观念上是截然不同的。在汉族人的脑子里什么东西最重要?土地。我们搞学术的人会说它叫作"不动产"。不动产里面最重要的就是土地和房屋,在汉族人的心目中这是至关重要的。可是游牧民族,最重要的不是土地和房屋,而是人口和牲畜。像陈老师提到的五种牲畜的比例,还有五种牲畜在诗歌里的表达,最有趣的就是问路的时候,你先见到的是放马的人,然后是放牛的,最后见到的是放羊的,这都是我自己深有体会的。还有对财富的根本观念的不同。所以我想到的是,文明不是只有一种,我们要学会用不同的观念和包容性来看待另外一种文明,而这种文明并不是说它就是比汉族的文明更落后，必须得入了关接受了汉族的文明以后，它才能发展到一定的阶段，不是这样的。

席慕蓉

不断地移动，游牧民族的家是自然的一部分

我在台湾看见一位建筑学的先生写一篇文字，说我们现在的人变成什么呢？有的人呢可以安稳定居，他有一个职业安稳定居，没有一个好的职业呢，只好做"游牧民族"到处求职，本来他讲的与我无关，一个安稳定居，一个游牧民族，与我无关。但是他在底下加了个括弧，安稳定居的下面加"有家"，为了职业到处去走或住到别的地方去的"游牧民族"呢，他底下加个"无家"，它就与我有关了，因为再也找不到这样的错误的思想来告诉大家，安稳定居有家我承认，那游牧民族下面写无家，这就是您（定宜庄）刚才说的了，就是一个固定的价值观念，家就是土地跟房屋。可是家也可以是一个活动的房屋啊。家是什么？家不是房屋哎！家是有父母、有兄弟、有姊妹，有童年、有中年，离开以后会想的（地方）。你童年所有的记忆在那个家里面，家就是你跟亲人聚居在一起的那个（地方），那个地方不一定是水泥的，不一定是钢筋的，那个地方是我们为了不伤土地，为了让土地保持生产力（而迁徙流动的家），不（仅仅）是为了让草地保持绿油油的漂亮（的状态），不，它是大自然里面的一

席慕蓉女士在论坛现场

附录

个生物链。

我以前没有办法把它说明白，但是这位先生的举例让我很高兴抓住他的这个错误——家当然是一个空间，可是家也是一个群体。农耕的人是不动的家，游牧的人是移动的家，而且我们不但有移动的家，我们还有移动的部落，是不是？我们还有移动的城市。所以什么叫作"库伦"？库伦在蒙古文里指一个圈子，圈子的中间或者是活佛住的，或者是我们（蒙古族人）的领袖住的，围着这个圈子有很多毡房、毡帐，围着这个组成一个一个更大的圈子，这些圈子是可以跟着中间那个中心移动的。这是神话吗？这个世界上竟然有移动的城市？有的！中世纪的时候我们有好多移动的城市搬来搬去，因为虽然有了都城，可我们的可汗夏天还是要移动。移动的家当然也是家，因为如果它是你生长的地方，是你从小受父母的关爱的地方，是你离开了以后会回头想念的地方，它不是家是什么？所以我们先民用这种智慧的方式，（形成）移动的家、移动的生活、一个大的循环的移动。就像陈岗龙老师说的，游牧民族真正要争取的是移动的权利，移动本身就是一个群体的生活。

这些价值观就像刚才定老师说的，在农业社会里是不可思议的，但是不可思议不代表它不存在，也不代表它是正方或者反方。我自己的感觉就是，大概2000年的时候——不是世界要改变了吗，那个时候——我敬仰的一位台湾读书人，他跑来不耻下问地问我："请问你觉得蒙古高原，或者蒙古族，在下一个世纪对这个社会有什么贡献？"我很谦卑地回答："我不晓得在科技方面，蒙古高原的贡献，但是我知道它是我们人类在这个地球上最后仅存的几个原乡之一了。"我说，蒙古高原能够存在，是因为靠着长久以来游牧族群不断不断想方设法保持了这样的生产力。有生产力的草原的存在，就是让我们知道这个世界上还有原乡，我们每一个人回去的时候，看到蒙古高原的时候，觉得这个世界上还存在着那么好的原乡，就像您（陈岗龙）说的从美感出发（唤起大家对草原的热爱）。但是我后来才知道我说的话完全——不能说错误，就是完全没有进到任何人的——21世纪人的心里面。他们认为——因为听到我说"原乡"，那么原乡就是太慢的、太没有经济价值的、太缺少现代文明的地方，所以"原乡"的意思就是不断地要去开发。

我自己说错的话，我自己眼看到21世纪上所谓的"对"——有一阵子报纸上，台湾人不知道，甚至是不提（蒙古），有时候我去演讲，有人说老师你给我画一个地图嘛！内蒙古在哪里？蒙古国在哪里？布里亚特蒙古在哪里？喀尔喀蒙古在哪里？你画个地图，不然我们怎么知道它们在东南西北。那我不能责怪别人不知道，但是有一阵子台湾的很多人都知道鄂尔多斯在哪里——有钱哎，听过你们内蒙古鄂尔多斯的人钱多得不得了，鄂尔多斯，每个人都叫着鄂尔多斯，琅琅上口。我说，你们知道鄂尔多斯在哪里？——知道啊，在内蒙古啊，最有钱的。

最可怕的事情就是在那里发生，我自己有一种愤怒，所以有一位电视（台）的记者老远地跑来访问我，本来我们谈得很好，谈得很愉快——关于蒙古族的事情都很愉快，（他）突然问我："请你说一说草原的价值好吗？"我突然之间，我不知道——大概我觉得我对我自己的错误后悔，还有对于整个草原现况愤怒，所以我忽然问他说："你问草原的价值吗？请问你，你告诉我听——肝有什么价值？肺有什么价值？请问你觉得这个身上的左手比较有价值，还是右手比较有价值？你要我的左手还是你要我的右手？"结果那位就像现在这位先生（摄影师）站在我面前一样（众笑），那位先生退后了好几步，心想——我也没得罪你，席老师你也太过分了吧？对。可是到了晚上——当然晚上拍完了我们一起去吃饭，他就说："老师，我觉得你说得很对哎，你把草原说成了一个有机体。这个很好哎！"我说："我的天呐，不是我说的！在这个整个生态里面，草原本来不就是一个有机体吗？难道你认为它是什么呢？"

附录

陈岗龙

了解另一种文明，才能达到"美美与共"

人生的不同阶段，都有一个参照点，那么如果一个人自己的家乡他没有离开一步，一直在那儿，他不会想得那么多的。所以昨天席慕蓉先生说的"拐弯抹角地回到草原"，就是因为她不同的阶段有不同的参照点，所以她对一个问题，尤其是对自己的文化——对自己的文化归属的思考就在不断地变化。但是呢，最主要的问题意识没有变化，那么我写这个《草尖上的文明》时也是。

实际上我写的很多内容，都是我们草原上的人最熟悉的东西。有时候我们可能对一个牧民（不太了解），他是没有受过高等教育的牧民，他没有上过复旦大学，没有当过北大的教授，但是他的知识体系，受过西方教育体系训练的我们是不了解的。我们认为我们有文化，但是我们到草原上就没有文化了，为什么呢？刚才席慕蓉先生问的600多种草，这些草——我也是在草原上长大的，但是我今天也只能叫出十来种，那剩下600多种我肯定是不知道的。从远处看的时候草原是绿的，但是近处看它是各种各样的颜色。草原上的牧民对这些不同的草的了解，其实都已经达到了博士的水平。

我写这本书，或者我思考这样一个问题的时候，经常想起《阿凡达》这个电影。刚才穆伦（席慕蓉）老师也说了，蒙古高原可能是人类的一个原乡，《阿凡达》里面有很多东西，受过人类学训练的人一看，那不就是人类学家在土著族群当中得出

陈岗龙先生在论坛现场

193

的一些经验吗，是吧？所以说有些东西呢，他的那套知识体系我们往往是不了解的。另一个，就是从现在的角度来看，乡村小学合并后都进城学习了。离开了（出身的）文化和草原生态以后，他再回过头来，很多的本土知识就不熟悉了。

这本书也可以说是在两者之间搭一个桥。我们不要用北大或是复旦的这样的一个教育知识体系去衡量草原上的本土知识的知识体系，几千年它靠它自己的知识体系这么传承过来的。包容、了解另一种文明、另一种文化，才能达到"美美与共"的目标，或者是我们认识的一个高度。

纳日碧力戈

"颗粒共享"使不同的文明和睦共生

有一些人类学家研究太平洋岛上的岛民的时候，发现他们的分类系统跟英语世界的不大一样，他们把最小的分类，就像古代希腊人那样，分成颗粒，英文叫"particles"。分成颗粒后发现世界万物都是勾连的，都是用最小的颗粒勾连的。咱们现在说颗粒，说夸克、质子那是科学家的事儿。作为一般正常的人，他觉得人就是最小单位，英文里也是这样表示的，英文里咱们把个体叫"individual"，individual的意思是什么呢？不能再切分了——divide是切，individed是不能再切了。可是呢在这个岛国，太平洋岛国里边儿，人是要切的，它要切分到更小（单位）。

所以我想起中国人用筷子，它就是用这条分类系统，可是忘记了我们还是以人为本。在这个水平上，其实中国人很早就知道另一种分类方法，就是筷子的方法，我们筷子夹菜的时候，筷子都要伸到那个碗里面去，那意思是什么呢？筷子上沾的这些"颗粒"，你有你的"颗粒"，我有我的"颗粒"，可能里边包括我们

——有些不好听的——"哈喇子"，沾上了，你的哈喇子进我这儿，我的进你那儿。同甘共苦，那些小"颗粒"进你肚子里，从那时候开始的。

所以中国古人一直到现在，那个"颗粒"还是起作用的，还有一些典型的符号，比如说我们送这个礼，送月饼，送了好几圈，最后拿来一看，送出去的又回来了，这里边儿长了毛（众笑）。就是送颗粒，不是送月饼。人人有那么一份，它不是大家都要吃那个东西，而是有一个象征的颗粒，你到我这儿，我到你那儿。很像马林诺夫斯基的"库拉圈"，就是做买卖的时候，两个人要互相交换礼品，交换完礼品，交了朋友，我们才可以做正式的买卖。在人类学经典里面，说到商业人类学——做买卖，跟日本人做买卖一开始他们要打一个星期的高尔夫球，先不做买卖，所以很多美国朋友受不了就跑了，有少数坚持下来把这一个星期的高尔夫打完，买卖做成了。和中国人也一样，咱们得喝酒，把你灌醉了，灌醉了再说。灌醉不是目的，目的是跟你特别好。我这个颗粒共享，你醉了我也醉，大家要共享一个东西，这个是最珍贵的。它是背后的一个语法，其他的都是言语——无数个句子，那是无数的，但里边儿语法，是唯一的，就是"民心相通"。

能达到我们想象中的，或者实际上能做到的，叫"互为条件、互为结构、互为环境"这样一个办法。让不同的文明、不同的语言和那些语言所指的对象、结构能放到一起共生，叫"和睦共生，互相依存"。一个办法就是关键词——找那个关键词，英文叫"key words"。比如说"人民"，比如说咱们这里面一些重要的词汇"文明"等等，还有"非遗"也是现在一个很热的词。它用不同语言表达的时候会差别非常大，比如说我这次回内蒙古（参加）七十年大庆（活动），一下飞机，来接机的有个大牌子，上面写着"dumdadu-yin jegüdü"（中间的梦），我说什么叫"中间的梦"啊？后来想起来就是"中国梦"。那为什么翻译成"中间的梦"呢，这里面就有故事了——用空间来说文化的事，因为加了"华"字以后，蒙古语"华"就是"汉族"的意思，你不能翻译成"中间的汉族的梦"，所以干脆就叫"中间的梦"。像咱们这个"一带一路"，它只能翻（译）成"一条路，一块布"。为什么一块布呢，原因是跟生活有关系，刚才定老师说的它是用布做的那个带子，后来这个"布"呢就引申成"一个带（子）"，就是我们蒙古袍的那个带子，是那么（演化）过来的，是和现实生活有关系的。

所以你不进到这样一个分类体系里面，不了解草尖上的生活、草根下的生活，你就很难了解他为什么那样去思维，为什么做人这样去做。了解了这样一种生活以后，你就知道（所谓）边疆是互为边疆的。在他那个世界观当中，就像我们海德格尔说"我站在这个地方"的"此在"，我站在这儿说话的时候，我是中心，然后我看那边、看这边，（这边）、那边是边疆，会这样看。所以我们要学会互为主体、互为边疆、互为中心，这样一种思维方式。

这些人祖祖辈辈这么多年过来的，绝不是简单的"活化石"。我们年轻时候啊，学人类学、历史学的时候啊，学"单线进化"（unilinear evolution），学这个的时候就讲，原始部落考古发现了一些化石、挖出一些骨头，一些罐子上面带眼儿，那就得到少数民族里面看看，这叫"求诸于野"（笑），那是"野"的地方，去看看，一看他们那儿也有罐子，带个眼儿，干嘛的？他（们）说灵魂从罐子眼儿里出去了。噢，那古代人也是这样的。现在这个已经遭到了很多人的批评。这个叫拟测的历史，你认为是那样，那当时是不是那个样子的呢？

像影响我们比较大的杜威的实用主义哲学，他就说整个人类的发展，我们的经验是一个整体，是一条河流，中间没有缝隙的。这个缝隙是我们给它制造出来、切割的。将它作为一个没有缝隙的河流去研究，这个才是真正的研究。这样的话你需要到人家的大地上去踩一踩，到那地方待一待，去闻一下席先生说的那种割草时草的香味儿，或者是喝喝那里的水，有一个感觉。当然，人类学家要求就更高了，要一年四季待在那个

附
录

地方。因为很多社会到现在还是靠天吃饭，自然的时间支配着你的自然的生命过程，不是靠我们人为的这个日历，不要忘记了我们还是需要真正的太阳升起的时候，像复旦这样，一次一次升起，这样的一个时间来支配我们生命。那个更重要。因为不管怎么样去用基因突破也好，用什么也好，到最后你发现，你的生命到那个点上的时候，它就又回归自然了。再延长也延长不了那么长，它总是一个局限。这时候你就知道太阳重要，月亮重要，星星也很重要。

定宜庄

一路以来，单一思维的阻碍

我说的感受是从哪儿来，都是从我自己的学术研究而发，可能有的时候那个"帽子"扣得也不一定对，可能我看这个书的感受和你（陈老师）原来想的不一样。因为我现在这些年的研究里，我觉得最痛苦的、对我的反作用最（大的）就是这种东西——都视为它是一个单一的（东西），尤其我们搞历史的这些人，思维方式跟刚才纳日碧力戈给大家传授的那种思维方式完全不同。你（陈老师）撼动了我们一些最基础的知识，我为什么看了你的书以后有这种感触，就是因为这个作用和反作用抵抗太强烈了。（有观点说）民族的语言有那么重要吗？明明汉语的档案那么多，你为什么研究这个民族的语言啊？你本来就已经汉化了，你（为什么）非要说它（其他民族）的主体性呢？非要强调它有独立性呢？为什么你非要说不是这样呢？所以实际上是一个思想方法的问题。思想方法是什么呢？就是他不理解这个世界，又在这几十年里面有一个非常大的颠覆，就是这种多元化的、"互为边疆"这样的思维方式对（传统理念进行）彻底的颠覆。史学这边还是相对的落后，所以才（导致）我在这个方面很深的感受。我就觉得我们搞史学的人，该更多了解其他的文明。而其他的文明真的不是我们表面上看到的——献个哈达，喝三杯酒，然后跳一个舞，那就是蒙古（族）人——不是这样的，它应该有生活最基层的东西。我希望你（陈老师）能够写得更多。

纳日碧力戈

两种"爱情"都很优美

不仅是不同的语言，不同的方言也是如此。我举个例子，就是北方话表达爱情的那个"ai"，然后上海这边呢，读"ei"。这两种爱情呢，都非常优美，一个可能更粗犷一些，一个可能更细腻一些，它是互补的，不能说一个非得取代一个，一定要把"ei"说成"ai"（汉语拼音）（笑），或者反之亦然，这都没有必要。就像我们唱越剧，要用普通话唱那可能是没法儿唱，没法儿听。同样呢，每种语言、每种方言都有自己的一套语言规律。有的像蒙古语，它属于阿尔泰语系，是元音和谐，元音比较多。其他语言唱那种长调它也没条件。我在内蒙古艺校访问的时候他们就告诉我，曾经在"文革"时期要把长调汉化，就是用汉语来唱，全部失败。没有办法唱，完全不配套，以失败告终。因为每一种语言，它都有一种自然规律，也就是我们讲的物感物觉和它的抽象的象征意义，中间有"物物相指"这样一个三元共同构成的一个完整的严密的体系。如果把这个体系单独拿出来做，就非常难了。同样在中国这个文化里面，为什么汉字这么多年没有消失，它就是和周围的环境、和你的生活、和你吃的喝的、和你天上看到的东西紧密连到一起，它已经（是）进化论里说的特化了，它能解释今天的猴子为什么不能变成人。我们都知道猴子变成人的故事，那今天的猴子、猩猩为什么不能变成人呢？有一种解释说它已经特化了。所以从这个角度来讲，各种语言、各种文化，它是可以交流的，但是它的很多重要的、诗学的部分、让人感到优美的那个部分，也就是费孝通先生说"文艺兴国"的"文艺"那一部分给（弄）没有了。所以到后来发现，交流来交流去，我们最需要的还是人心相通，能让我们相通的那一部分东西恰恰是各种音乐、语言、方言里面表达的最本质的部分，容易让人产生共鸣、打动人心的（部分）。

纳日碧力戈
了解一个民族需要触觉、感知

世间万物是关联的，然后我们把它分类的时候有人一下给切割了，切割了以后我们应该知道它是人为切割的、主观切割的，它们实际上都是互相关联的。这样的话我们就学会一个道理——任何民族之间的界限都是相对的，所以什么是标准的蒙古（族）人，这是没有定义的，什么是标准的汉族人是没有定义的。比如说汉族人什么时候出现，范文澜会说秦代"书同文，车同轨"的时候就有了，我举过那个例子，贾敬颜先生曾说"清末才有汉族"（笑），这个差别就非常大。为什么呢，因为大家的分类系统不一样。所以我一直在说万象是关联的，万物是关联的。为什么我说"象"呢？"象"是我们自己的感知，一只鸟、一匹马，它的感知一定和我们不一样，所以我说"万象"是人的一种象，在我们的感知里面它是"万象关联"，这是第一条。第二条呢，刚才前面那位同学提到怎么去做到，我想呢首先就是感知、欣赏你周围的这种关联。比方说哲学家经常做一个实验，左手放右手上，右手放左手上，主体性在哪里？右手是主体，左手是主体，还是我的人脑是主体？到底是哪——实际上它是互相关联的。还有一种实验呢，就是说我们各种各样的万物中间，你总能发现一些相同的东西，所以把这种相同的自然的"语法"、万物的"语法"作为一个大的"语法"，放在那里，你就能找到很多关联。从树木、昆虫、飞禽走兽中, 你都能发现很多关联。比如刚才席慕蓉老师就提到这个马的妈妈、马的爸爸、马的儿子, 你自然就感到了一种关联, 而且觉得非常合适, 对吧? 所以蒙古族这些, 你说是不是在践行(关联)? 因为蒙古族内部就是各种各样的, 一开始就是各种各样的。有一个说法, 当然这也有一定争议, 就说成吉思汗那个姓叫"孛儿只斤", 是蓝眼睛或灰眼睛的意思, 有人推断他是高加索人种。蒙古族一开始就是各种人种, (起初的)汪古部、克烈部就是白种人, 蒙古族到现在你也可以看得出来, 忽然会出现一些金发碧眼的美男子, (这)很正常的。敖其老师长得就像俄罗斯人, 她的弟弟敖然其长得像土耳其人, 因为长得很"奇妙", 以至于中学的时候有人用石头打他们, 说他们是外国人, 为此我们同学打过架。为什么呢? 蒙古族的来源各种各样——有短袍蒙古族, 长袍蒙古族; 种地的那边的叫蒙古族农民, 还有牧区的蒙古族。语调是千奇百怪的, 我们东北的蒙古族人, 典型的发音比如说"茶", 我们说"谢(šæ)", 到那个草地叫"切(qie)", 再往西面去叫"采(tsai)"。你看差很远。就有点像咱们英语说"tea", 俄语叫"yaň"(汉语读qiàyī), 差很远吧? 但它们根源是一样的, 都是指那个物。所以我们要了解一个民族, 就是要到那个地方去走一走, 去跟他们交朋友, 去跟他们握手, 要一种(彼此的)触觉、感知——鼻子去闻, 眼睛去看, 耳朵去听——这一套东西特别特别重要。

后记

游牧文明是人类社会的重要文明类型，游牧文明与工业文明和农业文明共同构成了人类文明的多样性，但是很多人对游牧文明的认识不够。今天，人类社会的可持续发展面临资源匮乏、生态污染等严重挑战，人们才全面反思工业文明并重新认识游牧文明。虽然国际上已有不少游牧文明研究成果，但是农业大国中国对游牧文明的重视和认识远远不够，非常有必要普及和宣传有关游牧文明的基本知识。而且，中国不是一个单一的农业国家，中国有大片草原，在中国的多民族大家庭中有很多游牧民族，游牧文明在当今中国有重要的认识价值。

草原文化和游牧文明是近年来越来越吸引人的命题。环境恶化、资源枯竭的境地，迫使人类重新反思曾经被扣上"落后、愚昧"帽子的逐水草游牧的草原民族的生活方式及其文化。正确认识一种文明类型，需要有认识论上的问题意识和理论阐释。但是，国内系统介绍和理论概述游牧文明的书籍却寥寥无几，这与中国拥有广阔草原和悠久的游牧文明的实际情况是不相符的。游牧文明和草原在今天的中国正在迅速消失，这是令每一个有良知的知识分子心痛的现实。《草尖上的文明》从这样的问题意识出发，用带着感情温度的文学手笔而不是板起面孔说理的学术语言，来向更多的读者介绍草原文化和游牧文明。我们只想向更多的关心中国和世界的未来——关心人类共同命运的人们诉说一种建立在草尖上的既脆弱又伟大的文明。

《草尖上的文明》是一部用文学的方式通俗易懂地介绍草

原文化和游牧文明的学术随笔，从生态恶化、资源枯竭等现实问题出发，深刻反思了人类文明，深入浅出地阐释了游牧文明，指出游牧文明实际上是可持续发展的文明，正确认识游牧文明对人类社会的健康发展具有重大意义。《草尖上的文明》以蒙古民族为例，深入浅出地讨论游牧文明的性质与特质，游牧文明与生态保护、人类可持续发展的关系等重要认识论问题，挖掘和提炼游牧文明的核心价值观。

本书的雏形是《民族画报》蒙古文版策划的系列文章"蒙古游牧文明系列"，也是本书图片作者巴义尔先生给我的命题作文。"蒙古游牧文明系列"于2010年在《民族画报》蒙古文版用蒙汉两种文字连载了8期，产生了良好的社会影响，《民族画报》汉文版从2011年第4期开始又重新连载，《中国民族》英文版2011年第3期用整整一本杂志的篇幅将"蒙古游牧文明系列"8篇文章全部翻译成英文刊发，传播到国外。这说明我们需要游牧文明，我们更需要了解游牧文明。北京市委宣传部的《文明》杂志2012年第10期以《蒙古游牧文明——一曲悠远的草原牧歌》为题刊发了一组专栏文章，从不同角度图文并茂地阐释了游牧文明，而这组稿件也是"蒙古游牧文明系列"的影响下产生并请作者担任审读专家的。在《草尖上的文明》出版之前，"蒙古游牧文明系列"已经产生了广泛影响，从而促成了本书的初版。感谢巴义尔先生！

从系列文章到图书出版，《草尖上的文明》也经过了"一草一枯荣"的"游牧周期"，并且凝聚了许多关心草原和忧心游牧文明的热心人的心血，内蒙古草原文化保护与发展基金会理事长葛健博士对成吉思汗的热爱、对草原文化保护发展事业的执着和吉林大学李晓教授对草原文化的睿智思考都是本书成形过程中受益良多的。《草尖上的文明》初版之后影响了《中国国家地理》2012年第10期"内蒙古专辑"的策划，主编单之蔷在主打文章和卷首语中多次引用《草尖上的文明》中的观点。《中国国家地理》"内蒙古专辑"对读者重新认识内蒙古产生了重大影响。

我的大学岁月是读着席慕蓉的《七里香》和《无怨的青春》度过的，而最近我和席慕蓉先生的每次谈话始终围绕着蒙古文化和游牧文明，她也是我"蒙古游牧文明系列"最初的读者，并给了我充分的肯定和鼓励。初版时，她从山上写生下来给我手抄了她的新诗代序，并说："游牧文明不仅仅是蒙古人的。"感谢席慕蓉先生，草原是我们心灵的归宿，能够为人类保留哪怕小小的一片真正的草原，也是我们共同的期望。

草原是非常脆弱的生态系统。据专家研究，呼伦贝尔大草原一米以下就是流动的沙子，植被一旦被破坏了，恢复起来非常困难。而千百年来，蒙古族等北方游牧民族用被很多人认为是"落后"的逐水草而居的生活方式，保护了异常脆弱的草原生态。在很多人的印象中，"逐水草而居"似乎是让牛羊把一片牧场的草吃完了，再去另一个牧场的生

席慕蓉（中）、巴义尔（右）、陈岗龙（左）合影（鹰鸽摄影）

活方式。其实，真正的逐水草而居的迁徙是在这一片牧场上放牧到一定程度后再去找另一个牧场，以保障牧场的正常循环。而这里面的"度"是由那些一年四季跟着牛羊迁徙的游牧民来把握的，包括草的长势、牧场的优劣、水源的情况等。在牧场之间移动是游牧的蒙古族人的生产方式，也是迁徙的根本原因。游牧的蒙古族人给全人类留下的重要遗产，是用"逐水草而居"的生产生活方式把草原完好无损地保留了下来。当全球气候变暖，重温环境与生态问题时，人们才想到了游牧文明的重要性。因此，本书叫作《草尖上的文明》。

本次修订版经过将近一年的编辑、修改和编排，从文字内容到图文设计，完成了完美的转身，更加突出了学术随笔的清新思路和力透纸背的焦虑与思考，把初版的唯美图片全部换成了代表巴义尔摄影理念的写实风格的图片，在版式设计上也留给读者更多的思考空间。《草尖上的文明》与我以往的著作有很大的不同，以一种全新的形态展示给热爱草原、热切希望了解草原文化和游牧文明的广大读者。

本次修订版收入了纳日碧力戈教授主持下的席慕蓉先生、定宜庄先生和我在复旦大学进行的"美在草原——《草尖上的文明》三人谈"论坛纪要，实际上应该叫作"四人谈"才对。感谢纳日碧力戈教授邀请席慕蓉先生到复旦大学演讲，并安排主题论坛，四个人畅谈对草原和游牧文明的理解和认知，自由而热烈，会场座无虚席。为了还原当时的气氛，录音整理保留了口语特征，没有做过多的修饰和编辑，希望给读者留下原生态的谈话印记。在上海期间，席慕蓉、纳日碧力戈、定宜庄三位先生和我在会上会下谈了很多有趣的话题，围绕的却几乎都是草原和游牧文明。三位先生的睿智谈话也积极影响了修订版的编辑思路。

今年3月5日，中共中央总书记、国家主席习近平参加十三届全国人大二次会议内蒙古代表团的审议时指出，内蒙古生态状况如何，不仅关系全区各族群众生存和发展而且

后记

关系华北、东北、西北乃至全国生态安全。把内蒙古建成我国北方重要生态安全屏障，是立足全国发展大局确立的战略定位，也是内蒙古必须自觉担负起的重大责任。构筑我国北方重要生态安全屏障，把祖国北疆这道风景线建设得更加亮丽，必须以更大的决心、付出更为艰巨的努力。我想，习近平总书记的话，正好表达了我希望在《草尖上的文明》中想表达的思想和理念。

陈岗龙

于北京圆明园西路游牧小屋

2019年3月26日

图书在版编目(CIP)数据

草尖上的文明 / 陈岗龙著. —— 上海 ： 上海文化出版社， 2019.4
ISBN 978-7-5535-1463-5

Ⅰ．①草… Ⅱ．①陈… Ⅲ．①少数民族-民族文化-内蒙古 Ⅳ．①K280.26

中国版本图书馆CIP数据核字 (2019) 第018612号

出 版 人：姜逸青
责任编辑：汪冬梅 侯 钰
特邀审读：陈丹正
插 图：刘九鸣
装帧设计：周艳梅

书 名：草尖上的文明
著 者：陈岗龙
出 版：上海世纪出版集团 上海文化出版社
出 品：上海故事会文化传媒有限公司
　　　　(200020 上海市绍兴路74号 www.storychina.cn)
发 行：上海文艺出版社发行中心
　　　　上海市绍兴路50号
印 刷：上海雅昌艺术印刷公司
开 本：787×1092 1/16
印 张：13
印 次：2019年4月第1版 2019年4月第1次印刷
书 号：ISBN 978-7-5535-1463-5/K·180
定 价：68.00元

上海故事会文化传媒有限公司 出品(00860) www.storychina.cn

上海故事会文化传媒有限公司所有图书可办理邮购,免收邮费(挂号除外)

汇款地址:上海市南绍兴路74号(200020)

收款人:上海故事会文化传媒有限公司出版发行部

联系电话:021-64338113

如发现本书有质量问题,请与印刷厂质量科联系 T:021-68798999